Thomas Geierspichler

Mit Rückgrat zurück ins Leben

UEBERREUTER

Das säurefreie und alterungsbeständige Papier EOS liefert Salzer, St. Pölten
(hergestellt aus chlorfrei gebleichtem Zellstoff aus nachhaltiger Forstwirtschaft).

ISBN 978-3-8000-7464-8

Covergestaltung: Maria Schuster
Coverfotos: ÖPC/Franz Baldauf
Lektorat: Elisabeth Mundt

Druck: CPI Moravia Books, CZ
1 3 5 7 6 4 2

Ueberreuter im Internet: www.ueberreuter.at

Inhalt

Einleitung

Griaß eich!

Ich fang mal so an:

> Ich bin der Tag, an dem ich den Boden unter den Füßen verloren hab.
> Ich bin jeder Abend, an dem ich besoffen war vor Selbstmitleid.
> Ich bin Wolfgang, der mir den Weg zum Glauben gezeigt hat.
> Und ich bin Walter, der mir bewiesen hat, dass alles möglich ist.
> Ich bin die, für die ich immer schon der Beste war.
> Und die eine, mit der ich fliegen kann.
> Ich bin Thomas Geierspichler, Paralympicssieger und Sportler des Jahres …

Ich bringe diesen Werbespot immer ganz gerne als Einleitung, auch wenn ich Motivationsvorträge halte. Nein, nicht nur, weil ich jedes Mal 10 000 Euro dafür bekomme! Scherz beiseite. Mir wird dadurch nur immer wieder bewusst, was ich alles in meinem Leben erreicht habe.

Ich will dieses Buch nicht als Paralympicssieger schreiben. Nicht als Weltmeister. Oder Weltrekordhalter. Ich will es einfach als der Bauernbub schreiben, der ich bin. Der Bauernbub, der in Anif in Salzburg aufgewachsen ist. Ich will zeigen, was eine Vision in einem bewirken kann. Welche Kraft darin stecken kann, wenn man eine Vision hat und sie verfolgt. Was daraus entstehen kann. Welche Kraft in einem hochsteigt, um sie verwirklichen zu können. Man braucht dazu keinen Motivationstrainer, der einen anpeitscht und vorantreibt, nur um aus der ausgequetschten Zitrone noch ein paar Tropfen herauszupressen. Nein, eine Vision zieht einen aus dem Inneren heraus und macht es einem möglich, einen noch nie da gewesenen Weg zu beschreiten, der einen mit Freude erfüllt. Und diese Dinge möchte ich anhand meiner Geschichte erzählen und erklären. Jeder von uns trägt dieses Potenzial in sich.

Ich wünsche eine wunderschöne Reise und: Halten Sie sicherheitshalber Taschentücher bereit!

Kindheit

Ich wurde, wie schon gesagt, in Anif geboren. Das ist ein idyllischer Vorort von Salzburg. Ich wuchs auf einem Bauernhof auf, der nicht allzu groß war. Ungefähr zehn Hektar. Das ist eine Größe, von der man eigentlich nicht leben kann. Meine Eltern arbeiteten nebenbei, um sich den Bauernhof finanzieren zu können. Er war sozusagen ihr Hobby. Dieses Hobby nimmt allerdings mehr Zeit und Verantwortung in Anspruch als ein gewöhnlicher Beruf. Und am Ende bleibt nicht sehr viel übrig.

Nach der Stallarbeit machte sich mein Vater jeden Tag daran, die Milch bei anderen Bauern einzusammeln. Von sieben bis zwölf Uhr. Meine Mutter schmiss währenddessen zu Hause den Laden und arbeitete manchmal, wenn noch genug Zeit blieb, in einer nahe gelegenen Baumschule, um etwas dazuzuverdienen.

Wie das eben so ist, gefangen in den alten Strukturen, die von den Vorfahren übermittelt wurden, hatte mein Vater den Hof übernommen und machte diese Aufgabe schließlich zu der unseren. Soweit ich mich erinnern kann, wurden wir Kinder, mein Bruder Erich und ich, in die Arbeit am Bauernhof eingebunden.

Die beiden Geschichten, die ich jetzt erzählen möchte, sind ziemlich entgegengesetzt. Ich hatte eine schöne, aber auch sehr harte Kindheit. Diese beiden Geschichten zeigen das. Es ist für mich nicht leicht, mit manchen Dingen, die ich hier erzählen will, an die Öffentlichkeit zu gehen. Aber sie sind nun einmal Teil meiner Kindheit und gehören zu mir und meinem Leben dazu.

Die Sache mit der Heugabel

Mein Vater war nicht unbedingt der entspannteste Mensch, den ich je kennengelernt habe. Er hatte wahrscheinlich schon in seiner Kindheit nichts anderes als Härte gelernt, war mit viel Druck, schwerer Arbeit und Schlägen aufgewachsen.

Wie so oft waren wir bei der Arbeit im Stall. Und wie so oft hatten wir ordentlich Stress. Ich mistete bei den Kühen aus, gab richtig Gas und beeilte mich. Mein Vater fütterte die Kühe von vorne und ich entsorgte dann das Endprodukt von hinten. Meine Mutter molk sie in der Zwischenzeit. Wir teilten die Arbeit immer untereinander auf.

Meinem Vater ging das Ganze, wie immer, nicht schnell genug. Ich denke, meine Leistungsorientiertheit habe ich zum Teil wirklich aus meiner Kindheit mit ihm. Ich mistete aus, so schnell ich konnte, und er meckerte die ganze Zeit.

»Mach ein bisschen schneller. Tu weiter.«

Ich war total genervt, weil ich ja schon alles gab, ich rannte fast. Ich kam, nachdem ich den Schubkarren entleert hatte, zurück in den Stall – und wieder: »Tu weiter.«

Da reichte es mir.

»Ich tu ja eh schon so schnell ich kann!«

Ich merkte, wie die Kühe zusammenzuckten und in die Knie gingen, und dann sah ich nur noch, wie die Heugabel, mit der mein Vater die Kühe fütterte, mit dem Stiel auf mich zuflog und sich dabei so dumm in der Luft drehte, dass die Spitzen sich in den unteren Teil meines Rückens bohrten. Ich kann mich nur noch erinnern, wie ich dann nach hinten schaute. Ja, die Gabel steckte in meinem Rücken, im Fleisch, und die Schwerkraft ließ den Stiel langsam nach unten sacken.

Da mir nur kurz schwindlig werden durfte (wir hatten ja keine Zeit), kam ich schon nach ein paar Augenblicken wieder zu mir. Ich merkte, dass im Stall eine große Unruhe herrschte. Meine Mutter und mein Vater kamen zu mir gerannt. Ich hatte meine Mutter noch nie in so einer Verfassung erlebt. Sie schimpfte meinen Vater, forderte ihn auf, sofort mit mir ins Krankenhaus zu fahren. Man weiß ja nicht, Blutvergiftung oder was auch immer. Ich merkte, dass es meinem Vater naheging und er nicht ausweichen konnte, sich der Sache stellen musste. Er brachte mich ins Haus.

Vorerst war ich noch ziemlich benommen und nicht wirklich gut auf meinen Vater zu sprechen. Ich wusch mich und ging dann noch kurz in mein Zimmer. Warum ich das machte, weiß ich auch nicht mehr. Ich brauchte wahrscheinlich eine Auszeit und musste überlegen, was da jetzt gerade eigentlich vorgefallen war. Mir war schon klar, dass mein Vater das nicht mit Absicht gemacht hatte, aber das war ein starkes Stück.

Irgendwann kam er dann in mein Zimmer.

Ich kann mir vorstellen, dass das einem Menschen, der es gewohnt war, anderen anzuschaffen und zu delegieren, nicht leichtfiel. Er muss gewusst haben, dass er einen riesigen Fehler begangen hatte. Einen Fehler, den man selber nicht gutmachen kann. Einen Fehler, bei dem man auf die Vergebung des anderen angewiesen ist. Und so etwas war, glaube ich, gerade für meinen Vater ein unmöglicher Zustand. Als er ins Zimmer kam, dachte ich, dass so etwas wie eine Entschuldigung kommen würde. Er öffnete den Mund.

»Willst du zum Geburtstag eine Soundmaschine?«

Mein Geburtstag stand in ein paar Tagen an. Beim Elektriker in der Auslage hatte ich diese megageile Soundmaschine gesehen. Mit abnehmbaren Boxen. Yeah, die wäre echt geil gewesen.

»Ich weiß nicht.«

In diesem Moment war mir die Soundmaschine so etwas von scheißegal. Ich wollte einfach nur, dass sich mein Vater eingestand, einen Fehler gemacht zu haben. Dass er sich einmal öffnete und von Seele zu Seele mit mir redete. Eigentlich war es mir egal, ob er sich entschuldigte oder nicht. Was mich in diesem Moment so wahnsinnig traurig machte, was mich so sehr verletzte, war, dass er nicht mit mir über den Vorfall sprach. Dass er sich nicht öffnete, sondern glaubte, er könnte mich mit einer Soundmaschine wieder gut stimmen. Man könnte sagen, er versuchte mich zu kaufen, mich zu bestechen. In der Hoffnung, dass dann nicht mehr darüber geredet werden und ich glücklich sein würde mit meiner Soundmaschine. Mein »Ich weiß nicht« war eine Schockreaktion auf diesen Versuch gewesen. Es war mir nicht wichtig.

Er brachte mich ins Auto und wir fuhren los. Wir sprachen kein Wort miteinander. An einer Ampel brach ich dann das Schweigen, weil ich immer noch so perplex war, dass er mich bestechen wollte. Ich konnte es nicht fassen.

»Weißt du eh, dass ich dich jetzt anzeigen könnte?«

Es war einfach so aus mir herausgekommen. Aber als ob seine

Reaktion zu Hause nicht schon schlimm genug gewesen wäre, sagte er, dass ich mich das sowieso nie trauen würde. Weil ich dann mit den Konsequenzen zu rechnen hätte.

»Dann tu's halt«, meinte er.

Mein Gott ...

Das war noch ein Schlag ins Gesicht. Ich hatte nicht damit gerechnet. Ich war nun hin und her gerissen, ob ich es tatsächlich tun sollte. Ihn anzeigen. Ich wollte es ja gar nicht tun. Ich wollte doch nur, dass er mit mir redete ...

Als wir endlich im Krankenhaus waren und ich dann ins Behandlungszimmer kam, wurde ich verarztet. Der Arzt sagte mir nach der Behandlung, er müsse ins Protokoll aufnehmen, was passiert war.

Mein Herz pochte.

Ich nahm meinen ganzen Mut zusammen und sagte, was ich sagen »musste«.

»Ich habe ausgemistet und bin dann ausgerutscht und in die Gabel hineingefallen.«

Hmmm ... Sehr mutig von mir.

Ich wollte doch nur, dass mein Vater sah, dass es mir nicht um irgendeine Soundmaschine ging, sondern darum, dass ich ihn lieb hatte.

Man kann sich denken, was dann passierte. Ich bekam die Soundmaschine natürlich nicht zum Geburtstag. Denn Vergangenes soll man lieber Vergangenes sein lassen. Ja nicht darüber sprechen ...

Mein erstes Tor

Meine Eltern machten eigentlich nie Urlaub. Das konnten sie wegen des Hofs ja auch nicht. Aber als es dann einmal doch so weit war, hieß das für mich: sturmfreie Bude! Natürlich hatte ich den Auftrag gekriegt, dass ich morgens und abends die Stallarbeit erledigen sollte. Aber trotzdem ...

Es war richtig geil. Es fühlte sich für mich auch wie Urlaub an, wenn die Eltern nicht da waren. Die Zeit musste genutzt werden! Ich lud ein paar Freunde ein, wir gingen in den Stall, um alles zu erledigen, und dann wollten wir einfach mal schauen, was man so machen konnte, wenn die Eltern nicht da waren. Ein weiterer Freund kam vorbei, weil in der Nähe ein Kirtag war, und brachte Zigarren mit.

Hui … Jawoll …

Zigarren raucht man, wenn man's so richtig krachen lassen will!

Los ging's. Wir zündeten die Zigarren an, tranken Bier und drehten MTV auf. Sie spielten »Enter Sandman« von Metallica. Es war richtig cool. Ein geiles Gefühl.

Weil ich am nächsten Morgen ein Fußballspiel hatte, gingen wir gegen 24 Uhr ins Bett. Ein Freund sagte mir, dass er mir am nächsten Tag bei der Stallarbeit helfen wollte, und übernachtete bei mir. Er legte sich ins Bett meiner Eltern, was später noch ein paar Ohrfeigen nach sich zog, aber das war's wert gewesen. Da ich es gewohnt war, früh aufzustehen, war es am nächsten Tag nicht so ein großes Problem für mich, in den Stall zu gehen, wie für meinen Freund, aber ich war ihm trotzdem sehr dankbar, dass er mir half. Als wir fertig waren, frühstückten wir und dann wollte er sich noch ein bisschen hinlegen, aber ich war total munter und aufgeregt. Die Stallarbeit war erledigt, es war Sonntag und in zwei Stunden stand ein Fußballspiel für mich an. Fußball war zu dieser Zeit so ziemlich meine absolute Lieblingsbeschäftigung. Ich liebte es. In diesen eineinhalb Stunden Vollgas zu geben, richtig reinzuhauen und zu laufen. Ach, das Laufen war so geil. Ich liebte es zu laufen. Und da ich so schnell war, hatte das auch noch einen positiven Nebeneffekt für meine Mannschaft.

Wir gingen rüber zum Sportplatz und zu den Kabinen. Da ich zwei Jahre jünger war als mein Freund, spielte ich bei der Jugend, während er schon bei den Junioren war. Ich freute mich total, dass er mitging und sich das Match anschauen wollte. Na ja, zuschauen ist gut gesagt … Er machte es sich auf der Tribüne bequem und schlief noch ein bisschen, bis wir mit dem Aufwärmen fertig waren und das Spiel endlich losging.

Ich spielte natürlich für Anif. Zu dieser Zeit waren wir in Salzburgs zweithöchster Spielklasse und spielten sogar um den Aufstieg in die höchste. Also, wir waren echt gut. Das war eine coole Zeit. Ich war wirklich kein Weltkicker, aber ich war ein »Beißer«, das

Laufen, das Rennen, besser gesagt, gab mir so eine große Befriedigung. Und ich war immer einer der Schnellsten. Eine harte Sau. Ich war froh, dass ich ich war. Weil ich nämlich nicht gerne gegen mich selbst gespielt hätte.

Schließlich kam der Anpfiff.

Wir spielten wieder richtig gut, weil wir einfach ein super Team waren. Wir hatten schon einige Tore geschossen und alles lief nach Plan. Und dann passierte Folgendes: Ich bekam den Ball, war im hinteren Bereich. Ich hielt ihn und suchte jemanden, den ich im vorderen Bereich anspielen konnte. Ich sah aber niemanden. Also lief ich weiter nach vorne, kam zur Mittellinie und mich attackierte noch immer niemand. Das war ich als Verteidiger nicht gewohnt, dass ich so weit vorne war, aber da ja niemand gegen mich vorging … Ich kam immer weiter nach vorne. Mein Freund auf der Tribüne bekam das alles in seinem Halbschlaf mit. Schließlich war ich schon 25 Meter rechts vor dem Tor.

»Schieß!!«

Hmm … Was soll's …

Ich lehnte mich zurück und so konnte ich den Ball ganz von unten und hinten anschneiden. Ich zog durch. Der Ball stieg auf in Richtung Tor. Da die Gegner mit einer Flanke rechneten, befand sich der Tormann etwas zu weit draußen. Er rannte nach hinten und streckte sich knapp vor der Linie nach oben. Ich sah, wie der Ball die Landephase und der Tormann die Abflugphase einleitete. Die Linien überschnitten sich nicht und der Ball senkte sich über den Fingern des Torwarts und … landete im Tor.

Alter!!! Ich glaub's nicht … Ich habe ein Tor geschossen!

Das war so geil. Ein Tor. In der Liga. Mein erstes »wertvolles« Tor. Mein Freund auf der Tribüne war jetzt auch richtig wach und jubelte. Für ihn wäre das ganz normal gewesen, weil er eines der größten Talente in Anif war. Aber für mich … den Bauernbub … Wahnsinn.

Von da an spielte ich teilweise im Mittelfeld, da man nun gesehen hatte, dass ich weit und halbwegs genau flanken konnte. Und das war für mich wiederum ein Durchbruch, weil ich mir jetzt zutraute, Tore zu schießen, was dann auch noch oft genug passierte.

Das war einer meiner besten und geilsten Momente als Fußballer.

Der Tag, der mir das Genick brach

Es war der 4. April. Unsere Clique war in Aufbruchstimmung. Die Stallarbeit hatten wir hinter uns und nun kam das Vergnügen. Wir gingen duschen und stylten unsere Haare, machten Pläne für den Abend. Ein Freund holte mich ab und wir fuhren los. Im Radio lief AC/DC. Wir fühlten uns frei. Wir wollten in die »Postkutsche«, unser Stammlokal in Mattsee, und waren eine große Gruppe. Wir tanzten eine Weile und kamen dann auf die glorreiche Idee, nach St. Gilgen zu fahren. Der Abend war doch noch jung und man musste schließlich immer wieder Neues erleben. In St. Gilgen ging es ähnlich weiter, wir tanzten und ließen die Nacht an uns vorbeiziehen. Es war vier Uhr morgens, als es dann hieß, wir sollten nach Hause fahren, weil die Kühe auch sonntags Hunger haben und gemolken werden müssen. Wir verließen das Lokal und gingen zum Auto. Ich ließ mich auf den Beifahrersitz fallen und wollte die Fahrt nutzen, um ein bisschen zu schlafen. »Morgen früh aufstehen«, dachte ich mir und stellte den Sitz schräg. Ich legte mich zurück und schloss die Augen.

Ich wurde von einem lauten Knall geweckt. Ich weiß noch genau, was ich dachte: »Scheiße, wir sind schon zu Hause. Ich wollte noch ein bisschen schlafen.« Aber dann merkte ich, dass etwas nicht in Ordnung war. Ich sah, wie das Scheinwerferlicht von einer Mauer reflektiert wurde und wie sich die Rauchschwaden über die Windschutzscheibe schoben.

Unser Fahrer hatte schon wieder Pech gehabt. Das war sein zweiter Unfall in ungefähr einem Jahr. Ich nahm wahr, wie er fluchend ausstieg. »Scheiße, Scheiße, der Herrgott muss einen Hammer haben!«, rief er in die Nachtluft hinaus. Ich versuchte mich zu bewegen. Ich konnte es nicht. Innerhalb von Sekunden füllte sich mein Mund mit Blut. Ich wollte die Autositze nicht beschmutzen und presste die Lippen zusammen. Spürte den Geschmack von Eisen im Mund. Schaute in das grelle Licht. Dann schoss ein weiterer

Blutstrahl in meine Mundhöhle und strömte schließlich doch über mein Kinn, auf meinen Oberkörper, überallhin.

Auf einmal fing es an. Ich werde diesen Moment niemals vergessen, ich habe ihn noch so genau vor Augen, als wäre es erst gestern gewesen.

Meine Zehen fingen an zu kribbeln.

Das Gefühl kroch nach oben.

Die Unterschenkel.

Die Oberschenkel.

Der Unterleib.

Der Bauch.

Der Hals.

Oft weiß das Unterbewusstsein, was passieren wird. Wenn man sich zum Beispiel den Fuß bricht, weiß man, dass er gebrochen ist, auch wenn man diese Verletzung noch nie gehabt hat. Nicht das rationale Wissen. Nicht der Teil, der dir sagt: »Sieben mal sieben ist neunundvierzig.« Sondern der Teil, der dir sagt: »Mein Lieber, heute wird ein schlechter Tag.«

Geh na, ned in den Rollstuhl.

Wir hätten nur noch zwanzig Minuten bis nach Hause gehabt. Es war eine lange, sich bergab ziehende Rechtskurve gewesen. Ein schlafender Beifahrer, ein Lenker, der kaum die Augen offen halten kann, und eine Kurve bilden keine vorteilhafte Kombination. Ich hatte keine Gelegenheit gehabt, mich anzuspannen oder bewusst gegenzusteuern, als wir gegen das frontal herausragende Betongeländer krachten. Durch den Aufprall wurde der Motorblock ins Auto hineingeschoben. Ich erlitt ein Peitschenschlagsyndrom, als mein im Schlaf entspanntes Genick zuerst nach vorne und dann wieder nach hinten geschleudert wurde. Das passiert ja im Straßenverkehr öfter. Die einen tragen dann eine Halskrause. Die anderen sterben. Und manche werden querschnittsgelähmt.

»Lieber Durchschnitt als Querschnitt«, sagte mir später ein sarkastischer Freund, der ebenfalls im Rollstuhl saß. Na ja, wie auch immer …

Es waren fürchterliche Schmerzen, die durch meinen Körper schossen. Ich kann mich noch genau erinnern, wie ich im Delirium immer dasselbe schrie: »Doats mi aussi, doats mi aussi!« Ich wollte einfach nur auf einer Blumenwiese liegen und schlafen. Die Beine und Arme im Gras ausstrecken und schlafen. Mehr nicht. Aber niemand half mir aus dem Wagen. Heute weiß ich, dass die Schaulustigen um mich herum verstanden, dass es sich um eine ernsthaft verzwickte Situation handelte, und lieber nicht eingreifen wollten. Aber damals war das eine Katastrophe. Wenn dein ganzer Körper schreit und niemand versucht, dein Leiden zu lindern. Ich bekam alles nur wie aus der Ferne mit. Die Geräusche. Die Lichter. Die Feuerwehr musste auf die Rettung warten, weil sie nicht wussten, wie es um meinen Gesundheitszustand stand, und mich noch nicht bergen konnten. Nach einer Ewigkeit lag ich schließlich im Rettungswagen und die Beruhigungs- und Schmerzmittel ließen mich endlich einschlafen.

Das Erste, was ich sah, als ich die Augen öffnete, waren fünf Infusionsflaschen über meinem Kopf. Ich musste an einen Regenwald denken. Wie die Infusionen in die Beutel tropften. Mein ganzer Körper brannte wie Feuer. Es gibt einen Ausdruck bei uns in Salzburg, der das Gefühl noch besser beschreibt: »Boa nogln« – »Beine nageln«. Kleine Stiche am ganzen Körper, die bis in die Knochen schießen. Wie wenn man lange in der Kälte war und schließlich in die warme Stube zurückkommt. Der ganze Körper beginnt zu kribbeln. So fühlte es sich an. Bloß viel, viel schlimmer. Das waren unglaubliche Schmerzen. Ich wollte mich überall kratzen, weil es so juckte, und ich wollte, dass es aufhörte. Aber ich konnte nicht. Ich konnte meine Arme nicht bewegen. Und meine Beine auch nicht. Als wäre ich einbetoniert gewesen. »Scheiße, ich will, dass das aufhört, ich will, dass das aufhört ...« Immer derselbe Gedanke, der durch meinen Kopf schoss. Ich bekam Medikamente.

Ich ließ mir die Kopfhörer aufsetzen und hörte die ganze Zeit Metallica, AC/DC und Hans Söllner, um mich abzulenken. Ich dachte mir ... Ach, eigentlich dachte ich mir gar nichts! Immer nur: »Ich will, dass das aufhört, ich will, dass das aufhört« und »Vielleicht ist das alles nur ein Traum. Eine vorübergehende Situation«. Irgendwie konnte ich das alles ohnehin nicht rational begreifen. Wahrscheinlich lag das an den Medikamenten.

Schließlich kam die Krankenschwester. Sie fragte mich, ob ich eine Erdbeer- oder Bananenmilch haben wolle. Man kann sich vorstellen, dass ein Milchshake einen der unwichtigsten Wünsche auf einer Intensivstation darstellt. Aber da ich ein gut erzogener Bengel war, lehnte ich nicht ab. Nach fünf oder sechs Stunden kam sie dann wieder zurück. Sie zog eine metallene Schüssel unter meinem Hintern hervor.

Wo ist die denn jetzt hergekommen?

Dann wurde mir bewusst, dass ich die ganze Zeit darauf gelegen haben musste. »Scheiße! Scheiße, ich hab's nicht gemerkt! Und die Scheiße steckt auch noch in der Schüssel!« In dem Bananenshake war Abführmittel gewesen. Ich verstand zum ersten Mal so richtig, dass etwas sehr Schlimmes geschehen sein musste. Ich spürte meinen Körper nicht mehr, aber die Schmerzen sehr wohl. Eine neue Situation, meine neue Realität.

Scheiße!

Fuck!

Ich will das alles nicht mehr.

Ich will, dass das aufhört … Alles nur ein schlechter Traum … Ich will, dass das aufhört.

Drei Tage vergingen. Sie sagten mir, dass ich operiert werden würde. Man hatte bis jetzt warten müssen. Beim Aufprall hatte sich der sechste Halswirbel in meine Nervenstränge, die durch den Wirbelkanal verliefen, gedrückt und den Kanal beschädigt. Dadurch hatte sich eine Blutung gebildet. Man musste abwarten, bis alles wieder abgeklungen war, um Genaueres sagen und die verletzte Stelle stabilisieren zu können. Bei der Operation wurde eine Titanverplattung zwischen dem fünften, sechsten und siebten Halswirbel eingesetzt und an den Seiten der Wirbelsäule mit SPAX verschraubt, damit der Kanal wieder stabil und frei wurde.

Das sind Worte. Die Realität waren die Schmerzen. Ich hatte gedacht, die Schmerzen, die ich davor gehabt hatte, könne man nicht mehr toppen. Ich hatte mich geirrt. Das hier war schlimmer als alles, was ich bis jetzt gekannt hatte. Mir wurde ein Schlauch zur Wundheilung in den Hals geschoben. Jedes Mal, wenn ich schluckte, bohrten sich die Schmerzen so tief in meinen Körper, dass ich den Vorgang unterdrücken wollte. Ich hatte Angst davor. Doch sobald sich genug Speichel in der Mundhöhle gesammelt hatte, konnte ich den Reflex nicht mehr abwenden. Ans Ausspucken war nicht zu denken. Ich hatte ja gar keine Kraft dazu. Das waren, ich schwöre bei Gott, die schlimmsten 48 Stunden meines Lebens. Ich konnte die Minuten zählen.

Mama, i kann nimmer.

Meine Mutter hat mir erzählt, dass ich auch genauso ausgesehen habe.

Irgendwann wurde ich von der Intensivstation auf die normale Station verlegt. Ich teilte das Zimmer mit drei anderen und wollte einfach nur schlafen. Aber anfangs war das noch der Wahnsinn. Jeden Tag kamen mindestens zehn Freunde vorbei, wir waren ja eine sehr große Clique gewesen. An meinem Geburtstag, dem zehnten Tag nach dem Unfall, standen fast fünfzig Leute im Zimmer und gaben sich große Mühe, mir ihre Zuneigung zu zeigen.

Vom stationären Aufenthalt habe ich trotzdem eher wenige aufregende Erinnerungen. Ich lag einfach nur da, schlief und konnte mich nicht bewegen. Die Tage gingen spurlos an mir vorbei. Wahrscheinlich lag das nach wie vor an den Medikamenten. Aber ich hatte trotzdem schon eine Ahnung, dass mein Gebrechen schlimme und vor allem bleibende Auswirkungen annehmen würde. Aber es blieb eine Ahnung. Wenn man noch nicht querschnittsgelähmt war, kann man nicht wissen, ob es vielleicht doch Hoffnung gibt. Wenn man im Krankenhaus liegt, hat man immer die Vorstellung, dass sich das Ganze wieder erholt. Wenn man im Krankenhaus ist, kommt man doch gesund wieder heraus. Nicht wahr?

Es gab auch Momente in dieser Zeit, die ich genoss. Ich hatte noch nie eine solche Liebe, oder sagen wir Zuneigung, von meinem Vater bekommen. Endlich hatte ich eine Chance, meinen eigenen Weg zu gehen. Erwachsen, wie ich mich fühlte, beschloss ich irgendwann, mir einen Bart wachsen zu lassen. Einen coolen Oberlippenbart. Und einen am Kinn. Einen Arschlochbart. Eine meiner Lieblingsgruppen in dieser Zeit war Paradise Lost. Der Sänger hatte genau so einen Bart. Ich ließ mir die Haare wachsen, auch wenn die Fortschritte kaum bemerkbar waren. Ich hatte nie wirklich machen können, wonach mir war. Jetzt konnte mein Vater nichts mehr gegen mich und meine Einstellungen sagen. Es war mir egal. Vielleicht wollte ich ihn provozieren, aber eigentlich wollte ich ihm zeigen, dass er nun nicht mehr über mein Leben bestimmen konnte. In meinem Herzen war ich jetzt ein Rocker, ein »Revoluzzer«, ein Hippie, der versuchte, seinen Weg zu gehen.

Irgendwann ging diese Zeit endlich vorbei. Bruno, ein Bekannter von uns, arbeitete bei der Unfallversicherung. Er ließ seine Kontakte spielen und bald konnte ich mit meiner Rehabilitation beginnen.

Reha-Zentrum Bad Häring

Es war so weit. Ich war medizinisch und körperlich so gut versorgt, dass ich stabil war. Transportfähig, sozusagen. Ich wurde mit dem Rettungswagen von Salzburg nach Tirol überstellt. Nach Bad Häring, eines der größten Reha-Zentren Österreichs. Man war dort auf Amputations- und Querschnittspatienten spezialisiert. Dort angekommen, schob man mich in die Eingangshalle.

Oh mein Gott.

Als die Schiebetür vor mir aufging, spürte ich bloße Hoffnungslosigkeit. Kein bisschen positive Energie, nichts als Trostlosigkeit. Ich sah lebensmüde Menschen, *Lebenstote*, vor mir, die mit hängenden Köpfen herumlungerten.

Ach du Scheiße. Wo bin ich da gelandet?

Sie schoben mich in den Lift und wir fuhren in den ersten Stock. Das war die Abteilung für Querschnittsgelähmte. Im zweiten und dritten Stock befanden sich die Amputationspatienten, die wir später liebevoll die »Hautabschürfler« nannten, und die »leichteren Querschnittler«.

Ich bekam mein Zimmer. Es hatte eine Schlauchform mit einer gläsernen Schiebetür, die auf einen Balkon führte. Links von der Eingangstür befanden sich das Klo und die Dusche. Ein riesengroßer Raum. Sowohl neben dem Eingang als auch neben der Glasfront befand sich jeweils ein Bett. Und eines in der Mitte, das noch frei war. Das war mein zukünftiger Platz.

Wie die genauen Einzelheiten verliefen, weiß ich nicht mehr genau. Ich versuche mich so gut wie möglich an verschiedenste Situationen zu erinnern. Die ersten Tage verbrachte ich damit, in den Fernseher zu glotzen. Es kam mir gar nicht in den Sinn, irgendetwas zu unternehmen. Ich konnte mich schließlich nicht bewegen, lag nur waagrecht im Bett. Schon das Essen war wahnsinnig anstrengend.

Wenn der Halswirbel bricht oder die Nervenstränge beschädigt sind, sind alle Extremitäten, die sich unterhalb befinden, beeinträchtigt. Normalerweise setzt das Gehirn elektronische Impulse frei, die durch den Wirbelkanal geschickt werden und den Körper zu bestimmten Reaktionen veranlassen (zum Beispiel: Fuß ausstrecken). Das sind seit den Jugendjahren tausendfach trainierte Muster, die abgerufen werden, ohne dass man darüber nachdenken muss. Wenn sich aber, wie bei mir, in der Höhe des fünften und sechsten Halswirbels ein Schnitt befindet, können diese Impulse nicht mehr weitergeleitet werden. Sie verpuffen ins Leere.

Ich konnte also auch meine Arme und Hände kaum bewegen und somit nicht selbstständig essen. Es war jedes Mal ein Horror für mich. Aber die Schwestern und Therapeuten waren lästig. Sie forderten mich jeden Tag heraus und ließen einfach nicht locker. Ich konnte meine Arme nur ein bisschen hin und her schieben. Die Finger konnte ich überhaupt nicht bewegen. Aber sie stellten mir das Essen immer wieder auf einen aufklappbaren Tisch, der am Nachtkästchen befestigt war, also direkt vor meine Nase, und brachten den Kopfteil des Bettes in eine senkrechte Position. Da meine Bewegungsfähigkeit so eingeschränkt war, befestigten sie mir die Gabel an den Händen und zeigten mir immer wieder, wie das *neue* Essen nun funktionierte. Ich schob die Mahlzeiten direkt vom Teller in meinen Mund. Ich muss dabei wie Bud Spencer oder Terence Hill ausgesehen haben. Nicht dass ich vor meinem Unfall besonders gute Tischmanieren gehabt hätte, aber das war bestimmt kein Vergleich.

Das Essen war allerdings nicht das einzige große Problem. Dadurch, dass ich wochenlang nur waagrecht im Bett gelegen hatte, spielte mein Kreislauf bei dieser neuen Stellung, in der sich mein Körper nun befand, verrückt. Mir wurde jedes Mal schwindlig und ich bat die Pfleger, das Bett wieder waagrechter zu stellen, womit sie sich immer Zeit ließen. So wurden die »Sitzphasen« systematisch verlängert. Dass dies Teil der Therapie war, verstand ich erst später.

Was bin ich nur für ein Häufchen Elend.

Ich wollte einfach nur schlafen und fernsehen. Ich hoffte ständig, dass alles ganz plötzlich vorbei sein würde. Doch wenn ich aufwachte, wurde ich jedes Mal aufs Neue mit den Tatsachen konfrontiert. Und die Pfleger kamen und wiederholten dieselben Vorgänge mit mir immer und immer wieder.

Im Nebenzimmer lag ein Südtiroler. »Ein zacher Fall«, wie wir in Salzburg sagen. Die Nächte waren der Wahnsinn. Er konnte nicht mehr im Rollstuhl sitzen, weil sein Hintern vom vielen Sitzen schon ganz wund war. Deswegen lag er in einem Luftbett, das mit Kompressoren belüftet wurde. Es war die Hölle. Oft schrie er immer wieder den Namen seiner Frau. Kläglich und jammernd, ähnlich wie die Menschen bei einem mexikanischen Begräbnis tagelang ihre Verstorbenen beweinen. Oder wie wenn ein Soldat in einem Kriegsfilm erschossen wird. Dieses Schreien und Klagen hallte in meinem Kopf wie eine Kirchenglocke. Es war schrecklich.

Also bekam ich in der Nacht nicht allzu viele Stunden Schlaf. Und am Morgen ging der ganze Ablauf wieder von vorne los: Bett aufrichten, Essen schaufeln, Kreislaufprobleme, Bett runterstellen, schlafen wollen ...

Und dann stand auf einmal jemand neben mir und sagte: »Hallo. Heute machen wir ein paar Übungen.«

Er war schon nett, aber ich dachte mir bloß: »Welche Übungen? Und wofür?«

Er befestigte ein Thera-Band (eine Art Gummiband) hinter dem Bett und checkte, welche Funktionen vorhanden waren, um diese zu verbessern. Da lag ich nun herum und zog dieses Band in alle möglichen Richtungen. Ich kam mir vor wie eine Marionette, die an ihren Fäden baumelte.

Irgendwann kamen die Pfleger auf die glorreiche Idee, mich in einen Rollstuhl zu setzen. Uff. *Nein, nein. In so etwas setze ich mich nicht hinein. Nein, das kann ich nicht.* Meine einzige wirkliche Ausrede war, dass ich das aufgrund meiner Kreislaufprobleme noch nicht zustande brachte. Ich konnte schließlich nicht mal senkrecht sitzen. Und wenn ich dann ohnmächtig würde, was dann? Nein, das geht nicht.

Aber der eigentliche Grund lag woanders. Ich wollte mich nicht in den Rollstuhl setzen, weil ich keinen Rollstuhl haben wollte.

Verstanden?

Ich WILL NICHT in den Rollstuhl!

Welcher Mensch will in einen Rollstuhl?

Ich hatte immer gerne Fußball gespielt. War wie ein Verrückter herumgerannt. Im Turnen immer einer der Besten gewesen. Beim Sechzig-Meter-Lauf war ich bloßfüßig schneller gerannt als die meisten meiner Mitschüler mit Turnschuhen. Nach der Stallarbeit war ich oft laufen gegangen. Einfach so, aus Spaß, ich hatte immer einen großen Bewegungsdrang gehabt. Hatte mich an Äste gehängt und Klimmzüge gemacht. War der Erste gewesen, der sich beim Fortgehen auf die Tanzfläche stürzte, um zu Metallica oder AC/DC herumzuhüpfen, als ob es kein Morgen gäbe.

Und jetzt soll ich mich in einen Rollstuhl setzen?

Nein.

Ich bin kein Rollstuhlfahrer, ich bin kein Behinderter. Behinderte, das sind Leute, oder was heißt Leute, das sind doch die, die man am besten einfach ignoriert. Oder die man bloß nicht auf ihre Behinderungen oder ihr Aussehen anspricht. Das sind doch Aussätzige, schiache, unästhetische Wesen, denen man ein bisschen Geld gibt, um sich besser zu fühlen. Das sind die, die vor den Supermärkten einen Behindertenparkplatz haben, damit man ihnen das Gefühl gibt, integriert zu sein.

Und jetzt soll ich auch so etwas sein.

So etwas bin ich aber nicht.

Ich bin keiner von denen!

Ich bin doch der Thomas, der Coole, die Sportskanone, *ein zacher, wilder Hund*. Vielleicht sogar ein bisschen Herzensbrecher. Der Liebe, der bei den Mädels gut ankommt. Und jetzt soll ich auch eines dieser Wesen sein. Mein Hirn wollte diese Tatsache nicht hinnehmen.

Mir blieb aber nichts anderes übrig. Die Leute im Reha-Zentrum hatten ihre Marschroute im Kopf und ließen sich nicht davon abbringen, diese einzuhalten.

»Guten Morgen!«

Zwei motivierte Pfleger kamen herein. Sie kamen mit einem wunderschönen, dunkelroten Ferrari-Modell angerollt. Der Lack war ganz okay, aber das Ding erinnerte mich total stark an den Zweiten Weltkrieg.

»So, heute setzen wir uns in den Rollstuhl. Probieren wir's mal.« Ich wollte nicht, alles in mir sträubte sich dagegen, ich war wirklich am Ende. Die Pfleger erkannten meine Stimmung und nach langem Auf-mich-Einreden schritten sie endlich von dannen. Vielleicht wollten sie mich ganz sachte an den Rollstuhl heranführen.

An einem anderen Tag kam einmal ein Rollstuhlfahrer herein. Er saß in einem sportlichen Modell und trug keine Krankenhauskleidung, sondern sah so aus, als wäre er schon länger hier. Er kam zu mir ans Bett. »Hallo, ich bin der Arkin«, stellte er sich vor. Er war sehr nett. Obwohl er im Rollstuhl saß. An das meiste, worüber wir redeten, kann ich mich nicht mehr erinnern, aber ich weiß noch genau, dass er mich mit einer Sache gefangen hat: Musik. Er sagte, er hätte ein Live-Video von Metallica in seinem Zimmer und dass ich das gerne mal mit ihm anschauen könne. Er fuhr wieder weg und ich widmete mich meiner Lieblingsbeschäftigung, dem Schlafen.

Am nächsten Morgen kamen die Pfleger wieder. »So, wie schaut's heute aus? Probieren wir's?«

Scheiße.

»Okay«, sagte ich schließlich. Was blieb mir anderes übrig? Die kamen doch ohnehin wieder und ich fühlte mich schön langsam in die Enge getrieben. Ich merkte, dass ich mich der Sache nicht mehr entziehen konnte. Sie stellten den Rollstuhl ans Bett und hoben mich hinein.

Geh, leck!

Huuuuh!

Woah!!

Mir wurde gleich ganz anders. Das Gefühl war einfach nur beschissen. Ich fühlte mich so unbeholfen, so hilflos. So minderwertig und ekelhaft. Plötzlich wurde mir schwindlig. Klarerweise. Immerhin war das ein ziemlich großer Schritt für meinen Körper gewesen. Ich hatte schon zwei Monate im Bett gelegen und das Sitzen im Rollstuhl war eine vollkommen ungewohnte Position für mich. Eine Dimension, die mein Gehirn vollkommen vergessen hatte. Die Pfleger wussten natürlich, was in so einem Fall zu tun war, und reagierten sofort. Sie schnappten nach den Griffen und stellten den Rollstuhl auf, kippten mich also einfach zurück. Somit lag ich wieder in einer waagrechten Position und mein Kreislauf konnte sich erholen. Sie gaben mir Traubenzucker, das hilft sofort. Nach ein paar Minuten fragten sie mich, ob es jetzt wieder ginge. Ich sagte Ja. Und schon ging es auf in die zweite Runde. Wir wiederholten diese Prozedur ungefähr drei oder vier Mal und verlängerten dabei die Sitzphasen.

Gott, das war so anstrengend.

Es war sogar so anstrengend, dass ich gar nicht registrierte, dass ich gerade meinen ersten Tag im Rollstuhl verbracht hatte. Es hatte sich eher wie eine Therapie angefühlt. Ich wollte ins Bett, wollte einfach nur (wieder mal) schlafen.

Die nächsten Tage gestalteten sich ähnlich. Immer wieder derselbe Ablauf: essen, Thera-Band, rein in den Rollstuhl, raus aus dem Rollstuhl, in der Nacht die lauten Kompressorengeräusche und das klägliche Heulen eines halb krepierten Südtirolers. Vielleicht wurde er ja missverstanden, weil er immer wieder unverständliche Laute und Wörter von sich gab. Vielleicht musste er einfach nur aufs Klo. Oder er wollte endlich sterben.

Es gab so viel an Programm, dass ich beinahe keine Zeit hatte, mir über meine Situation Gedanken zu machen. Essen, Besteck richtig halten, dann wieder der Typ, der dir zeigt, wie man mit dem Thera-Band arbeitet. In den Rollstuhl, wieder raus, wieder schlafen.

Ich will das doch alles nicht ...

... Und wieder in den Rollstuhl!

Durch diese ganzen Termine und Übungen wird man davon abgehalten, sich in dunklen Gedanken zu verkriechen, und man bringt einen dazu, Struktur in diesen neuen Alltag zu bringen, den man zwar nicht haben will, aber jetzt einfach hat. Es bleibt einem nichts anderes übrig. So wird man Schritt für Schritt und mit verschiedenen Teilzielen an das neue Leben herangeführt.

Nach wie vor sträubte sich alles in mir dagegen, eines dieser Wesen zu werden, das ganz armselig und verkrüppelt vor sich hin vegetiert. Jemand, mit dem man Mitleid haben muss. Ich wusste ja, wie ich über diese Menschen gedacht hatte. Es war, als würde ich jemand anderem bei all diesen Dingen zusehen, jemand, der nicht ich war.

Sobald etwas nicht mehr der Norm entspricht, verändert sich

einfach alles. Auch die Art und Weise, wie mit einem gesprochen wird. Aber ich war doch gar nicht aus der Norm.

Ich bin doch der Thomas!

Ich wollte Fußball spielen, zehn Meter Anlauf nehmen und den Ball aus 25 Meter Entfernung mit voller Kraft ins Kreuzeck versenken. Und zwar von der rechten Seite, weil ich einen guten linken Fuß hatte. Ich wollte einen Strandspaziergang im tiefen, weißen Sand machen, mit einer zartgebräunten Amazone an meiner Seite. Wollte sie zärtlich küssen und das Kleid von ihrem Körper streifen und sie dann am ganzen Körper spüren. Ihre Beine auseinanderdrücken und sie lecken, mich dann auf sie legen, ihren Kopf halten und in sie eindringen. Das alles wollte ich, ein ganz normaler Mensch.

Wieso sieht das denn keiner?!

Ich kam mir vor wie ein Affe im Zoo. Eingesperrt in seinem Käfig, damit mich alle anglotzen konnten. Sich über mich unterhalten, als könnte ich sie nicht verstehen. Und ich saß hinter den Gitterstäben und dachte nur: »Nein, nein, nein. Ich bin's, hallo, ich bin's! Einfach nur der Thomas …«

Nein, nein. Du bist ja behindert. Wir wissen schon, was gut für dich ist. Wir machen das schon. Wir wissen Bescheid. Husch, husch, hinein in deinen Käfig.

Es mag ein goldener Käfig gewesen sein, aber in Gefangenschaft befand ich mich trotzdem. Und warum sperrt man jemanden in einen Käfig? Weil man ihn in seiner Nähe haben will – oder muss – und er nichts anstellen kann.

Ja, lieb ist er! Und so große Augen! Und so große Zähne! Huh! Wenn er dich beißen würde, könnte das böse Folgen haben. Also sperrt man ihn besser ein.

Aber genau darum geht es ja. Ich hatte nichts im Käfig verloren. Jedes Wesen hat das Recht, frei zu sein. Es ist eine Verlogenheit, die dahintersteckt. Wenn einer nur dann mit jemandem etwas zu tun haben will, wenn derjenige im Käfig steckt, dann sollte man es lieber lassen.

Mein Käfig hieß Rollstuhl.

Trotzdem war er jetzt mein Weggefährte, ohne dieses verfluchte

Ding konnte ich meinen Körper schließlich nicht von A nach B befördern. Ich wollte zwar gar nicht nach B, aber manchmal hieß B auch auf die Toilette gehen. Oder sich an den Mittagstisch setzen. Das hört sich vielleicht blöd an, weil man denkt, dass jeder diese Sachen im Sitzen macht. Aber es war viel mehr als das. Alles war neu, alles war anders. Allein schon das Umsetzen auf die Toilette war ein großes Risiko, weil man nie wusste, ob der Hintern es auf die Muschel schaffte oder stattdessen den Boden küsste. Ich hasste alles an meiner Situation. Jede Kleinigkeit, die mit diesem beschissenen Zustand zu tun hatte. Beim Mittagessen schauten einem die überschlauen Helfer dabei zu, wie man mit Messer und Gabel, die an den Händen festgemacht waren, versuchte, das Essen in kleine Stücke zu zerfetzen und sie sich irgendwie in den Mund zu schieben. Ja, das war mein neues Leben. Der erste Schritt in die Selbstständigkeit. »Brav ist der Bub, kann schon allein kacken und essen.« Es war zum Kotzen. Ich hasste dieses neue Leben. Ich wollte wieder Fußball spielen, laufen gehen, abends in der Disco zu Metallica headbangen. Stattdessen musste ich meine Zeit mit diesen ganzen Motivationskünstlern verbringen und irgendwie versuchen, eine neue Identität zu finden.

Die Tage vergingen und irgendwann fuhr mir Arkin wieder über den Weg.

»Hey, wie geht's dir?«

»Gut geht's mir nicht, aber es rollt schon.«

So ein Schwachsinn. Aber etwas Besseres fiel mir in meiner Situation einfach nicht ein. Ich versuchte meine Unsicherheit zu überspielen, damit man mir nicht in meine Seele schauen konnte, damit man nie wusste, wie es in Wirklichkeit in mir drinnen aussah. Arkin fragte mich, ob wir auf sein Zimmer gehen sollten. Wegen des Metallica-Videos, von dem er mir vorgeschwärmt hatte. Ich willigte ein. Arkin war wirklich nett. Später fragte ich ihn, was mit ihm passiert war. Er hatte drei Monate vor mir einen Unfall gehabt. Er war Lastwagen-Mechaniker gewesen und hatte unter einem Lkw gelegen, als dieser ihm aus heiterem Himmel entgegengekippt war und ihn in den Boden quetschte. Daraus war eine Verletzung im Lendenwirbelbereich entstanden.

Scheiße.

Da merkte ich, dass auch dieser Mensch ein tragisches Schicksal hatte. Ich spürte eine Verbindung zu ihm. Eine Verbindung, die mir sagte, dass es auch andere Menschen gab, die ein ganz normales Leben führten, aus dem sie dann plötzlich herausgerissen wurden. Und sich dann damit irgendwie arrangieren mussten ...

Arkin war jetzt mein neuer Freund. Jeden Tag trafen wir uns gleich in der Früh. Wir gingen auf Entdeckungsreise. Langsam entfernte ich mich von meinem Zimmer. Er zeigte mir Stück für Stück, wie das Reha-Zentrum aussah. Wir redeten viel, aber niemals so, als würden wir uns gegenseitig zu therapieren versuchen. Ich hielt nicht viel von den Psychologen. Ein paarmal hatten sie mir einen vor die Nase gesetzt, aber es hatte mir nicht geholfen. Er konnte nicht begreifen, wie es sich anfühlte, im Rollstuhl zu sitzen. Wie wollte er wissen, was ich fühlte? Mit Arkin entdeckte ich die Welt neu und das half mir tatsächlich.

Schließlich kam der Übergang zur Physiotherapie. Das wurde ganz einfach in den Alltag eingeflochten. Die Übungen wurden jetzt nicht mehr im Zimmer gemacht, sondern in einer riesigen Abteilung des Reha-Zentrums mit vielen verschiedenen Therapeuten. Ich bekam eine Therapiekarte, mit der meine Anwesenheit registriert wurde. Die Ergotherapie war richtig cool. Hier versuchte man, die Feinmotorik spielerisch und handwerklich zu trainieren. Da übten wir zum Beispiel das Knüpfen und dann kam dabei eine Blumenampel heraus. Die Tatsache, dass ich eine Sache geschaffen hatte, die man tatsächlich verwenden konnte, wenn man wollte, machte mich sehr stolz.

Mein erster Rückschlag

Der Raum, in dem die Ergotherapie abgehalten wurde, war voll mit positiver Energie. Schon das Hineinfahren war irgendwie cool. Die Leute waren gut drauf und ein Therapeut kam mir entgegen, um mich an meinen gewohnten Platz zu bringen. Meistens war es immer derselbe, damit man als Patient nicht überfordert wurde. Der Mensch ist ja ein Gewohnheitstier, man denkt immer, zu viel Veränderung könnte negative Auswirkungen auf die Psyche haben.

Eines Tages saß ich wieder einmal da und knüpfte vor mich hin. Irgendwann musste ich aufs Klo. Es ist schwer zu beschreiben, sagen wir, ich hatte das *Empfinden*, als müsste ich aufs Klo, denn ich konnte mich ja noch genau daran erinnern, wie es sich anfühlt, wenn man gleich pinkeln muss. Zuerst merkt man, dass die Blase sich füllt, dann wird man unruhig und schließlich kann man den Druck nicht mehr ertragen und muss sich erleichtern. Also, normalerweise funktioniert das so …

Ich merkte nicht, wie meine Blase sich langsam füllte.

Ich merkte bloß, dass ich etwas unruhig wurde. Weil ich aber keinen Druck wahrnahm, dachte ich mir nichts dabei. Ich knüpfte weiter. Ich weiß gar nicht, wie ich das erklären soll. Man hat das doch schon tausendmal gemacht: ein abgespeicherter Vorgang, ganz automatisch. Ich wartete auf das Gefühl, dass der Druck sich aufbaute, aber nichts passierte, im Gegenteil. Die leichte Unruhe ging vorbei und ich konnte das Zeichen nicht deuten. Ich knüpfte weiter. Und dann sah ich plötzlich den dunklen Fleck auf meiner hellblauen Hose.

Was ist das?

Ich griff hin.

Scheiße, die ist ja nass!

Wo kommt das her?

Geh, leck!

Ich begriff, dass ich die Anzeichen nicht verstanden hatte, dass nun alles ganz anders war als früher. Mit dem nachlassenden Druck hatte ich also uriniert. Ich hatte meine eigenen Körperempfindungen nicht verstanden.

Das gibt's nicht. Das gibt's nicht. Ich hab mich angeschifft und hab's nicht gemerkt.

Kacke!

Was ist das für ein Leben, passiert das jetzt immer?

Ist das normal?

Selbst wenn!

Das will ich nicht, so ein Leben. Ich will nicht immer Angst haben, dass ich plötzlich mit einer nassen Hose dasitze ...

Der Tag war gelaufen.

Ich fuhr auf mein Zimmer, duschte und legte mich ins Bett. Ich war nicht einmal richtig traurig. Traurig wäre schön gewesen. Ich war verzweifelt. Ich war hoffnungslos. Ein inkontinentes Wesen, das sich jederzeit in die Hose machen kann. Peinlich. Entwürdigend. Eine Eigenschaft, die das Selbstbewusstsein auf den Nullpunkt treibt. Im Rollstuhl sitzen: Das war schon ein Hammerschlag ins Gesicht, aber das hier, das ging wahrhaftig unter die Gürtellinie. Und ich denke, jeder kann sich vorstellen, dass so eine »Disbalance« im Genitalbereich einem nicht nur körperlich, sondern wirklich in der Seele wehtut. Das Innerste wird entblößt.

Ab diesem Zeitpunkt traute ich mich nicht mehr unter die Leute.

Was, wenn das noch mal passiert ...

Ich ließ mir einen Termin beim Urologen im Haus geben. Dr. Strasser, ein supernetter Typ. Natürlich gibt es Möglichkeiten, diese »Blasensituation« in den Griff zu bekommen. Da ich selbst kein Urologe bin, kann ich nicht alle aufzählen, sondern nur die, die für mich in Frage kamen. Durch meine Lähmung kann ich den Schließmuskel meiner Blase nicht mehr aktiv steuern. Sprich, wenn die Blase voll ist und ein gewisser Druck überschritten wird, läuft sie einfach über.

Ich konnte mich entscheiden:

Die erste Möglichkeit besteht in der Einnahme eines Medikaments, das den Schließmuskel der Harnröhre lähmt, sodass er nicht mehr aufgeht. Man muss dann mehrmals täglich einen Katheter in die Harnröhre einführen, den Schließmuskel somit durchstoßen und den Urin dann im Klo oder in einen Harnbeutel abrinnen lassen. Danach zieht man den Katheter wieder raus und alles ist erledigt.

Die zweite Möglichkeit ist die, ein Urinal zu benutzen. Das funktioniert wie ein Kondom, das zum einen über den Penis gestreift wird und zum anderen an dessen Seite geklebt wird. An der Vorderseite des Urinals ist eine Öffnung, die mit einem Gegenstück kompatibel ist, das wiederum das Endstück von einem Harnbeutel bildet. Zusammenstecken und fertig.

Ich habe mich für die zweite Möglichkeit entschieden, da ich keine Medikamente nehmen wollte und ich die Idee irgendwie nicht ertragen konnte, mir mehrmals täglich diesen Schlauch in die Harnröhre zu rammen. Ja, ich weiß, das klingt etwas übertrieben, aber ich bekam bei dem Gedanken eine Gänsehaut, richtig unangenehm. Dieser Katheter erinnerte mich an die Strohhalme in der Schule, aus denen wir unseren Kakao getrunken haben. Wie man den Strohhalm in das Packerl stoßen musste, um es zu öffnen ... Auch wenn der Katheter weicher war als so ein Plastikstrohhalm, zog sich bei der Vorstellung alles in mir zusammen.

Somit war mein Problem gelöst.

Kein Grund zur Panik, oder?

Mein erster Joint

Es gab einen Zivildiener, mit dem ich mich richtig gut verstand. Er lebte in Kirchbichl, einem kleinen Ort in der Nähe des Reha-Zentrums. Wir konnten uns stundenlang über Grunge unterhalten, eine Musikrichtung, auf die wir beide richtig abfuhren. Der Grunge ist Ende der Achtziger beziehungsweise Anfang der Neunziger entstanden und aus Punkrock, Hardrock und Heavy Metal hervorgegangen. Geprägt war er vor allem durch Bands in und um Seattle und das Label Sub Pop. Der Zivildiener spielte selbst in einer Grunge-Band, und es war einfach super, mich ab und zu in diesen Gesprächen mit ihm zu verlieren. Irgendwie wurden wir richtig gute Freunde.

Eines Tages fragte er mich, ob ich auf einen Grillabend bei ihm zu Hause Lust hätte. Es würden ein paar Freunde da sein, ein paar Bier trinken, Musik hören ... Ich wollte schon, aber ich hatte große Angst, unter Leute zu gehen. Ich war noch nie wirklich aus dem Reha-Zentrum draußen und schon gar nicht unter »normalen Leuten« gewesen. Schließlich sagte ich aber doch zu.

Vorher musste allerdings noch abgeklärt werden, ob ich Ausgang bekam. Dafür bedurfte es der Zustimmung des Primars. Der Zivildiener checkte das ab und bekam schließlich die Genehmigung – unter der Bedingung, dass ich um 23 Uhr wieder zurück war.

An dem Abend holte er mich ab und wir fuhren zu ihm nach Hause. Es war echt nett da. Angenehme Leute, coole Musik und ich hatte einen gemütlichen Platz auf dem Sofa. Wir tranken ein Bier nach dem anderen und ich wurde immer lockerer, fühlte mich sogar richtig gesellschaftstauglich. Vielleicht bildete ich mir das aber auch nur ein, weil ich schon etwas betrunken war. Irgendwann gingen mir dann die Zigaretten aus. Ich rief in die Runde, ob irgendjemand was zum Rauchen dahätte. Aus einer Ecke schrie jemand zurück: »Ja, wart, wir bauen eh grad.« Eine normale Zigarette wäre mir lieber, dachte ich, aber eine Gewuzelte ist besser als nichts. Als der Typ mit dem Drehen fertig war, zog er ein paarmal genüsslich. Ich dachte mir nichts dabei und wartete darauf, dass er sie mir rübergeben würde. Er gab sie aber seinem Nachbarn weiter, der ebenfalls langsam und bedächtig rauchte. Ich kannte mich nicht mehr aus. Na ja, dachte ich, vielleicht so eine Art Indianerritual? Die rauchen eben gemeinsam eine Zigarette. So wie man es früher als Kinder im Wald getan hat oder wie die Hippies in Woodstock. Irgendwann bekam ich die Zigarette in die Finger.

Endlich!

Ich rauchte und rauchte, zog immer wieder an, bis mich mein Nachbar anstupste und sagte: »Gib weiter!« Eigentlich wollte ich widersprechen, das war doch meine Zigarette und mir war nicht nach Teilen, aber da merkte ich plötzlich, wie das Zeug einfuhr. Mir wurde ganz anders. Es fühlte sich an, als würde mein Körper ganz tief ins Sofa hineingedrückt, und ich hatte keinen Durchblick mehr. Die Geräusche um mich herum klangen ganz fern und verzerrt, so als würde ich in einer Blechdose sitzen.

Da hörte ich die Stimme vom Zivildiener.

»Scheiße, scheiße, der ist ja voll beinand! Geh, leck, was machen wir jetzt? Wenn ich den so zurückbringe, bin ich meinen Job los!«

Die Leute bemühten sich anscheinend um irgendeine Lösung, während ich tief einbetoniert im Sofa hing. Da kam jemand mit einer Wanne voll Wasser. Sie halfen mir in den Rollstuhl und tauchten mich dann kopfüber in das eiskalte Wasser, immer und immer wieder, so lange, bis ich wieder halbwegs bei Sinnen war. Oh ja, da waren alle wieder beruhigt. Und ich erst! Zu diesem Zeitpunkt hatte ich keine Ahnung, was da gerade passiert war. Aber was bleibt, war die Erinnerung, dass das ein richtig gutes Gefühl gewesen war. Mein erster Joint. Kurzfristig die Realität ganz anders wahrnehmen, nicht mehr ich selbst sein, ganz schräg. Ganz anders, als wenn man zu viel Alkohol trinkt.

Geil ...

Im Zentrum erfuhr niemand etwas von dieser Nacht.

Und immer wieder Physiotherapie

Die Physiotherapie ... ein großes Thema.

Ich machte sie nicht gerne, aber sie bildete den Großteil der ganzen Therapie, klar, es geht schließlich darum, mit dem eigenen Körper zu arbeiten und alles aus ihm herauszukitzeln, was nur möglich ist. Man muss herausfinden, welche Funktionen noch vorhanden sind beziehungsweise sich wieder aktivieren lassen. Es geht natürlich auch darum, die Muskulatur weiter zu stärken und sie nicht verkümmern zu lassen. Wenn man im Rollstuhl sitzt oder ein anderes Gebrechen hat, muss man kompensieren. Soll heißen: Wenn jemand zum Beispiel seine Beine nicht mehr bewegen kann, dann muss er umso mehr Kraft in seinem Oberkörper aufbauen. Man kann sich ja nicht mehr einfach unter die Dusche stellen, nein, man muss seinen gesamten siebzig Kilo schweren Körper hineinheben. Das ist eine ständige Mehrbelastung für Ellbogen, Schultern und Oberarme. Also musste ich sehr viel trainieren, um »alltagstauglich« zu werden.

Im Therapieraum war immer richtig viel los. Der eine machte mit Hanteln oder Thera-Bändern Krafttraining, der Nächste stand in einem Stehtisch und so weiter. Meine erste Therapeutin war die Inge. Ich mochte sie eigentlich alle, meine Therapeuten, sie waren immer sehr engagiert und lieb, aber die Inge mochte ich besonders gern. Sie war unglaublich nett und fürsorglich, ruhig und außerdem sehr, sehr hübsch. Das war natürlich ein Vorteil, einer der Gründe, warum ich wirklich regelmäßig bei ihr auftauchte. Sie sah aus wie Jodie Foster. Viele verstehen nicht, warum gerade Jodie Foster eine der hübschesten Schauspielerinnen für mich ist, aber es ist so und die Inge sah ihr wirklich ähnlich.

Am Anfang übten wir vor allem den Oberkörper und die Beine zu bewegen und zu dehnen, was noch recht angenehm war. Immerhin musste ich nicht viel dazu beitragen. Der wirklich unangenehme Part war dann das Frei-sitzen-Üben. Im Rollstuhl stellte das für mich mittlerweile kein großes Problem mehr dar, ich konnte mich ja anlehnen und hatte schon genügend Übung darin, aber das freie Sitzen auf der Therapiebank ... das machte wirklich keinen Spaß. Die Inge stützte mich anfangs natürlich, aber irgendwann ließ sie mich so weit los, wie es möglich war. Ich saß dann ganz wackelig da und für meinen Kreislauf war das so schlimm wie damals, als ich das erste Mal in den Rollstuhl gehoben wurde. Das kann man sich gar nicht vorstellen. Es ging aber darum zu sehen, ob sich einzelne Muskelgruppen aktivieren lassen, und außerdem war es wichtiges Koordinationstraining. Mein Körper war eben sehr geschwächt und ich musste mich erst an alles neu gewöhnen. Natürlich musste sich auch mein Denken auf diese neue Situation einstellen, was im Nachhinein betrachtet sicher noch nicht der Fall gewesen ist. Ich glaubte aber daran, auf dem richtigen Weg zu sein, auch wenn ich dieses Gefühl nicht rational erklären kann. Ich *wollte* ja weitermachen. Ich *wollte* ja meinen Weg finden. Ich konnte es nur nicht ertragen, wenn mir jemand sagte, was ich tun oder lassen sollte. Deswegen konnte ich auch nicht mit den Psychologen. Für mich waren das Neunmalkluge, die am Abend nach Hause *gingen* und glaubten, jemandem mit ihren Analysen und endlosen Gesprächen geholfen zu haben. Es widerstrebte meinem Bauchgefühl, diese Menschen an meinem Inneren teilhaben zu lassen, sie *hineinzulassen*. Das tat ich nicht absichtlich, aber wie sollte jemand, der gesund war und gehen konnte, meine Situation nachvollziehen können? Ich fühlte mich von keinem der Psychologen verstanden. Für mich hatte das etwas mit Großkotzigkeit zu tun. Wie wenn ein übermotivierter Bauingenieur auf die Baustelle kommt und den Arbeitern dort erklärt, dass er einen senkrecht wachsenden Baum in der Mitte eines Glaskubus haben will. Er hat natürlich gelernt, wie man Pläne zeichnet und Ideen entwickelt, aber mit der Umsetzung sieht es dann in der Realität oft ganz anders aus. Das ist der Unterschied zwischen praktischem und theoretischem Wissen. Der Therapeut als der große Theoretiker. Aber egal wie viele Bücher er gelesen hat, wie soll er wissen, wie es mir in meinem verdammten Rollstuhl geht und wie es ist, wenn einem schon allein vom aufrechten Sitzen schwindlig wird?

Zurück zur Physiotherapie.

Dort gab es auch die sogenannte Gehschule, an der ich teilnahm, weil die Therapeuten und Ärzte noch einen möglichen Gehrest bei mir vermuteten. In der Gehschule gab es einen circa zwanzig Meter langen Gang, an dessen Ende Spiegel befestigt waren, damit man seinen Bewegungsablauf beobachten konnte. In der Gehschule waren alle möglichen Leute, manche mussten mit ihren neuen Prothesen gehen lernen und andere (so wie ich) waren Querschnittsgelähmte, bei denen man noch Restmöglichkeiten sah. Zu diesem Zeitpunkt hatte ich einen neuen Therapeuten namens Richi, Inges Nachfolger sozusagen. Nachdem ich schon einige Wochen Therapie hinter mich gebracht hatte, sagte er mir eines Tages, dass er vielleicht ein Licht am Ende des Tunnels sehen würde. Dass ich vielleicht wieder gehen können würde, irgendwann. Was das heißt, erkläre ich jetzt so, wie ich es in Erinnerung habe, und hoffentlich auch einigermaßen medizinisch richtig.

Wie schon gesagt, hat der Bruch meines fünften und sechsten Halswirbels dazu geführt, dass mein Nervenstrang beschädigt wurde, der die Impulse, die vom Hirn ausgehen, an die jeweilige Muskelgruppe schickt, die dann die gewünschte Bewegung ausführt. Wenn der Kanal beschädigt ist, können also keine Impulse an die Muskeln gelangen. Es wartet zwar ein voll funktionstüchtiger Apparat auf die Befehle, bekommt sie aber nicht, weil die Leitung gekappt ist. Der »Apparat« an sich ist also gar nicht tot, sondern wartet auf die elektrochemischen Signale, um gezielt damit zu arbeiten.

Trotzdem war es möglich, dass ich *stehen* konnte, ja sogar *gehen*. Ein Arzt hat mir das einmal so erklärt: Meine Beine sind wie ein Bienenschwarm, der ganz ruhig vor sich hin brummt. Wenn nun ein Schlag von außen kommt, beginnt der Schwarm wie wild kreuz und quer umherzuschwirren. Auf den Körper bezogen bedeutet das, dass durch Druck unwillkürliche Muskelverspannungen ausgelöst werden, die meine Beine hart und fest werden lassen.

In der Gehschule trainierte ich mit Richi an einem circa zehn Meter langen Barren. Die Handläufe waren genau so hoch, dass ich mich gut abstützen konnte. Mithilfe der Spasmen konnte ich dann stehen. Die Beine konnte ich allerdings nicht bewegen. Ich stützte mich fest ab und schmiss zuerst das linke und dann das rechte Bein aus der Hüfte heraus nach vorne.

Deine Beine strecken sich nicht aus eigener Kraft durch.

Das sind nur die Spasmen.

Ich kam mir zwar so vor, als hätte ich bloß einen Oberkörper, an dem zwei Seile hinunterhingen, und es war wahnsinnig anstrengend, aber die Hoffnung machte sich natürlich schneller breit, als ich wollte.

Ich kann's nicht glauben. Das ist so geil.

Endlich stehen. Endlich gehen.

Ich wollte einfach daran glauben, dass das alles nur Trainingssache war. Das würde schon wieder kommen, das Gehen. Aus heiterem Himmel.

Dass es nur die Spasmen waren, die das »Stehen« und »Gehen« ermöglichten, merkte ich spätestens dann, wenn die Spasmen nachließen. Ich konnte mich nicht mehr auf den Beinen halten, das ganze Gewicht meines Körpers hing dann nur noch in den Gelenken. Was ihnen weder guttut noch einen therapeutischen Zweck erfüllt.

Eines Tages kam ein Arzt zu mir. Jeder konnte sehen, wie sehr ich mich ins Zeug legte mit dieser Hin- und Herschlepperei auf dem Barren, aber die meisten Ärzte hielten nicht viel davon.

»Das ist kein echtes Gehen. Das ist nur therapeutisches Gehen. DU WIRST NIE WIEDER GEHEN KÖNNEN.«

Dieser kleine Satz.

Diese paar Worte.

Man kann sich nicht vorstellen, was das für mich bedeutete. Das fuhr mir durch Mark und Bein. Ein Schlag ins Gesicht. Ich konnte keine Worte finden. Für mich brach eine Welt zusammen – schon wieder! Die Tatsache, dass ich meine Blase nicht mehr im Griff hatte, die Tatsache, dass ich im Rollstuhl sitzen musste. All das war nichts gegen dieses Gefühl, wenn einem auch noch die letzte Hoffnung geraubt wird. Ich war seelisch kaputt. Tot. Meine Energien augenblicklich aus dem Körper gezogen. Der Lebenssaft einfach abgedreht, der Boden unter den Füßen weggezogen.

So muss es sich anfühlen, wenn man von der eigenen Mutter verstoßen wird …

Ich fuhr auf mein Zimmer und setzte mich vor den Spiegel. Sah mich an. Leere Augen starrten zurück. Die Realität, die ich bis dahin mit coolen Späßchen und Sarkasmus überspielt hatte, schoss wieder in mein Inneres hinein.

Schon wieder eine Watschen.

Hört das denn nie auf?

Ich will das alles nicht mehr. Bitte! Ich will nicht mehr …

Ich will aufwachen aus diesem Albtraum.

Ich sah mein Leben wie einen Film vor meinem inneren Auge ablaufen. Ich wollte wieder so sein wie früher. Samstagabend in unserer Stammdisco auf der Tanzfläche zu Metallica ausflippen, Fußball spielen, ich war vielleicht kein Weltkicker gewesen, aber irre schnell.

Du wirst nie wieder eine Frau kennenlernen.

Welche Frau nimmt sich schon einen Krüppel. Einen, der sich in die Hose macht oder im Bett einen Harnbeutel am Körper trägt. Einen, der mit ihr nichts unternehmen kann. Ich hatte zwar zu diesem Zeitpunkt eine Freundin, aber ich verlor die Zuneigung zu ihr, weil ich mir nicht vorstellen konnte, dass sie einfach nur aus Liebe mit mir zusammen war.

Ich fühlte mich so trostlos. Hing voll in der Luft. Ich verspürte keine Würde mehr. Ich war Abschaum. Ein Wurm. Ein Objekt. Kein Mensch. Ich wusste nicht mehr, was ich war. Kein Mensch. Nicht mehr der Thomas, den alle kannten, den ich kannte. Ich verlor meine gesamte Identität.

Wer bin ich?

Wieso holt mich hier niemand raus?

Ich wusste nicht mehr, ob ich so weiterleben konnte, ob ich so weiterleben wollte.

Du bist ja so behindert, dass du dich nicht mal selbst erschießen kannst, weil du mit deinen verkrüppelten Fingern keinen Abzug von einer Pistole betätigen kannst …

Ich fühlte mich so wertlos. Völliger Abschaum.

Ich war so müde. *Lebensmüde*, zum ersten Mal verstand ich die Bedeutung dieses Wortes.

Ab diesem Zeitpunkt war mir alles scheißegal. Niemand konnte mir mehr helfen. Ich wollte auch nicht, dass mir jemand hilft. Keiner sollte es wagen, mir zu sagen, was ich zu tun oder zu lassen hatte.

Nach dem ersten Schock kam mir sofort Arkin in den Sinn. Ich suchte ihn und fragte ihn, ob wir auf ein Bier gehen wollten. Er war natürlich dabei und wir fuhren in die Kantine. Irgendwann ging's wieder ein bisschen besser. Nach ein paar Bier natürlich. Ein paar andere Querschnittsgelähmte waren auch da, und ich merkte, dass wir irgendwie alle im gleichen Boot saßen. Das waren die einzigen Menschen, die nachvollziehen konnten, wie ich mich fühlte. Die Amputierten, die »Hautabschürfler«, waren wieder eine ganz andere Baustelle. Was wollten die mir schon erzählen? Wir waren die »echten« Behinderten, ihre Situation war ganz anders. Realistisch betrachtet war ihr Leben noch um einiges normaler als unseres geblieben:

Sie konnten normal auf die Toilette gehen.

Sie konnten normal Sex haben.

Sie konnten überall hingehen.

Sie konnten ihren Alltag noch einigermaßen normal und selbstständig bewältigen.

Wir Querschnittsgelähmte fanden uns irgendwie. Nicht wir uns selbst, sondern einander, als Gleichgesinnte. Unsere Treffen bekamen eine Eigendynamik. Wir trafen uns jeden Tag auf ein Bier. Jedenfalls war das jedes Mal der Vorsatz: ein Bier. In Wirklichkeit trank jeder so viel, bis er wieder lachen konnte. Realitätsverlust um jeden Preis. Ich trank immer mehr, die Welt wurde mir ziemlich egal und ich dachte, das bedeutet, dass es jetzt wieder besser geht. Dass das das wahre Leben war.

Die Therapien nahm ich nicht mehr ernst.

Wozu?

Hat ja eh alles keinen Sinn mehr …

Haftentlassung

Nach ungefähr fünf Monaten war es dann so weit. Mein Reha-Aufenthalt war aus der Sicht der Therapeuten und Ärzte abgeschlossen. Sie fanden, ich war jetzt rehabilitiert und hoffentlich wieder in die Gesellschaft integrierbar. Ich empfand das ganz und gar nicht so. Ein langer und schwerer Abschied stand mir bevor. Ich wollte nicht schon wieder aus meiner gewohnten Umgebung gerissen werden. Sie war doch irgendwie alles, was ich hatte. Ein paar Leute, die mich verstanden, die das Gleiche durchgemacht hatten wie ich. Die Räume waren behindertengerecht eingerichtet, wenn man Hilfe brauchte, gab es immer ärztliche Versorgungsmöglichkeiten in der Nähe.

Wie wird das zu Hause?

Unser Klo war nicht behindertengerecht. Jeden Tag in die Badewanne reinklettern. Wie würde das mit den Leuten werden? Mit den sogenannten Freunden?

Ich machte die Runde im Zentrum und verabschiedete mich von allen. Das war richtig schlimm für mich. Trotz der vielen Trostlosigkeit wollte ich nicht von dort weg. Diese Menschen verstanden mich und konnten mit mir umgehen. Es flossen viele Tränen und ich zögerte die Verabschiedung so lange wie möglich hinaus. Ich weinte so viel. Ich fühlte mich noch nicht bereit für die Gesellschaft da draußen. Ich wollte nicht weg.

Als mein Vater mich abholte und wir im Auto saßen, erkannte er natürlich, dass es ein großer Schritt für mich war, wieder nach Hause zurückzukehren. Er gab sich große Mühe, mich zu beruhigen, die Situation so angenehm wie möglich zu gestalten. Für ihn und meine Mutter war das natürlich auch nicht leicht. Eine riesige Umstellung für uns alle. Sie fragten sich sicher, wie der neue Alltag nun aussehen würde. Wenn ich wieder jeden Tag bei ihnen war. Was würde sein, wenn etwas passierte und niemand wusste, was man dann tun sollte? Viele Fragen, viele Ängste und schon wieder alles neu. Schon wieder eine fremde Situation. Ich vermisste meine Freunde.

Zurück in die Realität – Brett vorm Kopf

Nachdem ich schon einige Zeit wieder zu Hause gelebt hatte, kam der Anifer Kirtag. Das war ein richtiger Knackpunkt für mich. Der Kirtag ist so eine Art Volksfest, wo viele Menschen aus der eigenen und den umliegenden Gemeinden zusammenkommen, um zu feiern. Ich sollte dort hingehen und tat es schließlich auch, obwohl das eine sehr unangenehme Situation für mich war. Ich fühlte mich so unattraktiv und minderwertig. Unterschiedliche Blicke trafen mich. Manche waren mitleidig, andere zwangen sich wegzusehen (was auch eine Art Hinsehen ist). Die meisten konnten einfach nicht mit der Situation umgehen. Ich konnte ja selbst nicht damit umgehen. Alles war so extrem unangenehm. Ich kam mir vor wie eine Zirkusattraktion.

Sehr, sehr viele Leute kannten mich, Anif ist eine kleine Gemeinde und da kennt eben jeder jeden. Ich war einmal ein sehr aktiver Junge gewesen und jetzt saß ich hier in meinem Rollstuhl fest. Was für eine Tragik! Niemand wollte sich mit dieser neuen Situation auseinandersetzen. Viele begrüßten mich, weil sie nett sein und mir das Gefühl geben wollten, dass sie keine Berührungsangst hatten. Ich verstehe aber auch, dass mir einige aus dem Weg gingen oder so taten, als würden sie mich nicht sehen. Es war einfach eine schwierige und beschissene Situation.

Ich fühlte mich so unwohl. Es war sehr heiß und ich trug eine Jogginghose, um den Harnbeutel darunter zu verdecken. Ich wusste, dass das niemand mitbekam, aber ich fühlte mich trotzdem nicht wohl in meiner Haut. Ein paar Leute brachten sogar den Mut auf, mit mir zu reden. Das war zwar sehr nett von ihnen, aber der Gesprächsstoff ging einem immer schnell aus. Was soll beziehungsweise darf man sagen? Die Steifheit verunsicherte mich. Ich wollte nur nach Hause, mich verkriechen. Einfach nur weg von hier.

Da wurde mir klar, dass ich das alles noch nicht packte.

Ich wollte das alles noch nicht.

Das war einfach viel zu viel.

Wie schon erwähnt, gab es auch noch Probleme in der Beziehung, die ich damals führte. Die Uschi war einer der großartigsten

Menschen, die ich jemals kennengelernt habe. Sie liebte mich so sehr, so bedingungslos. Sie sagte immer, dass wir das schon schaffen würden zusammen, dass sie mich über alles liebte. Und genau das wurde mir schön langsam zum Problem. Ihre Liebe erdrückte mich fast und ich konnte sie nicht mehr erwidern. Wie sollte ich sie lieben, wenn ich mich selbst nicht lieben konnte? Man kann keine Beziehung führen, wenn man sich selbst nicht liebt. Wenn man nicht mit sich selbst im Einklang ist. Sie dachte, mit ihrer Liebe könnte sie meine Probleme lösen. Dass wir einfach so weitermachen konnten wie früher. Das ging nicht. Ich konnte das nicht mehr. Ich verließ sie, auch auf die Gefahr hin, dass ich nie wieder eine Frau finden würde, davon war ich sogar überzeugt. Aber ich musste es tun, es war das einzig Richtige.

Ich wollte mich zurückziehen. Aus der Gesellschaft. Aus der Realität.

Wie es der Zufall so wollte, lernte ich durch Bekannte einen Menschen kennen, der einer meiner engsten Freunde in dieser Zeit werden sollte. Ein sehr angenehmer Zeitgenosse war das. Total ruhig, ein richtiger Aussteigertyp. Er war sehr kreativ, machte hundert verschiedene Sachen, malen, Antiquitäten reparieren, Lederwaren aller Art, schnitzen und so weiter. Irgendwann kam ich drauf, dass er auch kiffte.

Ja, wie cool ist das denn!

Unsere Wege führten einfach zusammen. Von da an waren wir dauernd gemeinsam unterwegs. Ich konnte mich noch gut daran erinnern, wie sich mein erster Joint angefühlt hatte. Ich wollte der Realität entfliehen und so trafen wir uns immer wieder. Das Gefühl, das ich beim Kirtag gehabt hatte, hatte ich in seiner Gegenwart nie. Wir hörten richtig coole, gemütliche Musik. Stevie Ray Vaughan.

Yeah …

Sehr geil …

Eine Art von Musik, wo du das Fenster vom Auto runterlässt, die linke Hand aufs Lenkrad hältst und wie in Trance anfängst, mit dem Kopf zum Takt zu nicken. Eine Energie, die dich durchströmt, und du fühlst dich einfach nur herrlich. Frei.

BIST … DU … DEPPERT …

Er machte mir niemals Stress. Bei ihm war alles so unangestrengt. Wir saßen in seiner Wohnung und rauchten uns ein. Keine Gespräche über den Rollstuhl, einfach nur *da* sein und das Leben genießen. Die glorreichen »Wow-Erlebnisse«, wenn man bekifft ist. Das war mein neuer Alltag.

Drogenzeit

Diese Zeit zu beschreiben ist schwierig für mich. Es gab so viele Situationen, die es wert wären, erzählt zu werden. Um einen guten Einblick in meinen damaligen Zustand zu bieten. Ich habe also in den kommenden Kapiteln wieder einmal versucht, die verschiedenen Aspekte dieser Zeit zu zeigen. Die ersten beiden Kapitel beschreiben vor allem meinen inneren Zustand. Meine Gefühle. Die Schwierigkeiten und auch die Methoden, sich in den Schwierigkeiten zurechtzufinden. Die letzten beiden Kapitel sollen dafür eher zeigen, wie ich oft drauf war. Durch zwei Anekdoten, an die ich mich noch besonders gut erinnern kann. Ich hoffe, dass ich es dadurch schaffe, diese Zeit gut und verständlich abzudecken …

Ein Blick nach innen

Es ist schwierig, meine Gefühlslage in dieser Zeit zu beschreiben. Meine schwermütige Zeit. Es war so, als ob ein Schleier über mir hängen würde. So ein Gefühl, als wäre eine Grippe im Anmarsch. Du bist noch nicht richtig von der Krankheit gehemmt, aber du bist träge. Lustlos. Alles ist so anstrengend. Du kannst irgendwie keine Kraft aufwenden, um etwas zu machen. Du willst auch keine Kraft aufwenden. Wenn du nämlich irgendetwas überwinden würdest, würde dich das nur vor ein weiteres Problem stellen. Als würde man eine Mauer überspringen, dahinter steht aber schon die nächste. Wofür solltest du also Kraft aufwenden, wenn dahinter wieder dasselbe auf dich wartet. Und dahinter wieder dasselbe. Und wieder und wieder. Das hört ja nicht auf. Es ist, als wäre man in einem Labyrinth. Aus dem man nicht mehr hinausfindet. Das lässt dich einfach resignieren. Weil du keine Kraft hast, um etwas zu überwinden, und es auch keinen Sinn hätte.

Zu diesem Zeitpunkt war mir noch nicht bewusst, worum es eigentlich ging. Ich verstand nicht, dass es nicht darum ging, irgendetwas zu überwinden oder Umstände aus dem Weg zu räumen.

Ich verstand nicht, dass ich mein Ziel erkennen musste, auf das ich dann hinstreben konnte. Ich war auf die Umstände konzentriert. Und wie sollte man die überwinden? Und wofür? Damit man eine Beschäftigung hat?

Nein ... Da genieße ich lieber mein Leben, leg mich vor den Fernseher und rauch mich ein, trink ein Bier dazu.

Das war zwar auch immer nur für eine kurze Zeit befriedigend, aber man konnte sich ja noch einen zweiten Ofen bauen, noch ein Bier aufmachen und den Sender wechseln. Und irgendwann ist man dann müde genug, um schlafen zu gehen. Dann hat man seinen Frieden. Ruhe. Kein Druck mehr. Man muss sich nicht mehr mit den Umständen beschäftigen, die darauf warten, überwunden zu werden. Was nicht möglich ist. Es würde nur gehen, wenn man ein Ziel vor Augen hätte. Aber diese Erkenntnis hatte ich zu diesem Zeitpunkt noch nicht. Mir war nicht bewusst, dass ich ein Ziel brauchte, um aus dieser Situation rauszukommen. Ich steckte in einem Teufelskreis fest, aber das war mir nicht klar. Ich dachte mir, dass dieses schwermütige Leben eben so war, wie es war. Nicht zu ändern.

Meine Tage waren wie so richtig kalt-grausige Regentage. Durchnässt bis auf die Haut, die Kälte somit noch unerträglicher. Ich wollte es einfach nur warm haben. Ich wollte meine Ruhe. Vielleicht auch glücklich sein. So von innen heraus. So vom Herzen her. Keinen Druck mehr spüren, nur zufrieden sein. Aber stattdessen war mein Leben kalt und nass. Und ich hatte keine Kraft, um mich mit dem Gedanken zu beschäftigen, wie es wieder wärmer werden könnte. Ich wollte ins Bett und die Umstände sollten verschwinden. Und wenn ich mich einkiffte, fühlte ich mich einfach entspannter und glücklicher. Und konnte das Nasskalte vergessen. Wegen meiner Gefühlslage wollte ich nicht mehr unter die Leute. Ich wollte mich einfach nicht *stellen*.

Worum es wirklich geht
oder
Wahrhaftigkeit, der einzig wahre und richtige Weg

In dieser ersten Zeit zu Hause ging es mir wirklich schlecht. Ich wusste mit meiner neuen Situation einfach nichts anzufangen. Ich glaube, ich war ein schwieriger Zeitgenosse. Aber wie sollte ich auch vor Energie sprühen? Ich hasste mich selbst. Hasste alles an mir.

Wäh … Ein Rollstuhlfahrer.

Ein Behinderter.

Nur in meinem Kopf fand noch »Leben« statt. Und das war bestimmt kein Leben, wie man es sich vorstellt. Es war einfach nur eklig. Und von meinem restlichen Ich, von meinem Körper, wollte ich gar nichts mehr wissen. Aber er hing ja an mir dran.

Scheißdreck.

Als ich in diesem Sommer zu Hause war, wollten meine Eltern mir mein Leben so angenehm wie möglich machen. Sie kauften einen Swimmingpool. Das war so ein Becken, das man auf der Wiese aufstellen konnte, mit einem Fünf-Meter-Durchmesser. Sie dachten sich wohl, ich könnte damit so etwas wie Therapie machen, zumindest ein bisschen. Ein wenig herumschwimmen. Außerdem als Abkühlung für die heißen Tage. Sie wollten einfach nur, dass ich mich ein bisschen bewegte, in der Hoffnung, dass ich vielleicht auch wieder ein wenig Lebensfreude zurückgewinnen könnte.

Freude habe ich ihnen nicht gezeigt.

Ich glaube, ich war ein richtiges Ekelpaket in dieser Zeit. Ich regte mich sogar über diesen Pool auf. Wie sollte ich da hineinkommen? Der Rand war eineinhalb Meter hoch.

Checkt ihr nicht, dass ich querschnittsgelähmt bin?!

Mir war nicht bewusst, dass es finanzielle Grenzen für meine Eltern gab und sie es nur gut gemeint hatten.

An die Seite des Pools wurde ein Tisch gestellt. Dort hievten mich meine Eltern dann aus meinem Rollstuhl hinauf.

Auf den Tisch.

Da lag ich nun.

Wie eine abgestochene Sau.

Oder wie ein Fisch, den es an Land gespült hatte. Völlig wehrlos. Entwürdigt. Vollkommen auf die Hilfe von anderen angewiesen. Ich hasste das so sehr. Ich fühlte mich so nackt und es tat so weh, wenn ich meine körperlichen Unzulänglichkeiten so präsentiert bekam.

Ich meckerte nur. Ich schimpfte nur. Ich regte mich über alles auf.

Nein, nicht so!

Dann machten sie es anders.

Nein, so auch nicht!!

»Na ja, wie sonst?«

Auf alle Fälle nicht SO ... Ihr wisst gar nicht, wie das geht. Lasst mich in Ruhe.

Sie blieben aber trotzdem und probierten immer wieder, mich in diesen Pool zu bekommen. Schließlich griff ich an den Rand des Beckens und sie hoben meine Füße darüber, schmissen mich quasi ins Wasser. Das funktionierte eigentlich ganz gut. Endlich war ich drinnen. Aber auf die Dauer konnte ich mir einfach nicht vorstellen, immer *so* schwimmen zu gehen. Es interessierte mich nicht, jedes Mal diese Prozedur durchstehen zu müssen, wenn ich einmal ins kühle Nass wollte. Aber es ganz allein zu schaffen, ohne Hilfe, das ging nicht. »Selber machen« ging nicht mehr. Es ging gar nicht so sehr um die Tatsache, dass ich auf Hilfe angewiesen war, weil ich im Rollstuhl saß, sondern es ging einfach darum, *dass* ich im Rollstuhl saß. Natürlich war es beschissen, nichts allein machen zu können. Aber das Problem war, DASS ICH NICHT MEHR GEHEN KONNTE. Ich hoffe, man kann sich vorstellen, wie das ist, wenn man früher mal laufen konnte und plötzlich sitzt man in seiner gewohnten Umgebung und es wird einem bewusst, dass man das alles nicht mehr tun kann. Die Erinnerungen kommen hoch.

Da war ich Traktor gefahren.

Dort hatte ich Fußball gespielt.

Und dann, auf einmal, ist das nicht mehr.

Aber vor allem:

ES GEHT NICHT MEHR …

Mir sollte dann aber etwas passieren, woran ich mich ewig erinnern werde.

An diesem »Wellnesstag« kam ein ehemaliger guter Freund von mir vorbei. Ich zappelte im Pool herum und auf einmal stand er am Beckenrand. Ich stutzte.

Den habe ich schon so lange nicht mehr gesehen …

Wir waren früher richtig gut miteinander befreundet gewesen. Als Teenager hatten wir uns aber voneinander entfernt. Er war eher der Technotyp gewesen, ich fuhr auf Rock ab. Und wie es so ist in der Jugendzeit: Man will seine eigenen Erfahrungen machen und so hatten wir uns eben aus den Augen verloren. Was eigentlich sehr traurig gewesen war, schließlich war er einer meiner besten Freunde gewesen. Und deswegen war ich in diesem Moment völlig überrascht und freute mich innerlich total, ihn zu sehen. Wir hatten so viele gemeinsame Erinnerungen. Meine ganze Fußballzeit war mit ihm verknüpft.

Da stand er also. Und ich merkte, dass die Situation auch für ihn nicht einfach war. Aber er stand da. In seiner Bundesheer-Uniform. Wir fingen an, uns zu beschnuppern, und redeten ein bisschen. Er erzählte mir stolz, dass er gerade in Hochfilzen beim Heer war. Als Gebirgsjäger. Wir erzählten einander, was in den letzten Jahren so geschehen war. Wie man das eben so macht, wenn man sich lange nicht mehr gesehen hat. Es war richtig schön, irgendwie. Ich kann das gar nicht richtig beschreiben. Es war einfach anders als alles andere, was ich sonst so mit den Menschen nach meinem Unfall geredet hatte. Und dann sagte er etwas, das ich nie vergessen werde. Mir kommen heute noch die Tränen hoch, wenn ich daran denke.

»Weißt du, für mich ist das auch schwierig. Ich weiß auch nicht, wie ich mit der ganzen Situation umgehen soll. Ich will aber wieder Kontakt zu dir haben und zu dir durchdringen, wissen, wie es dir wirklich geht.«

Das hat mich im tiefsten Herzen berührt. Genau darum ging es mir. Jeder, der versuchte, mich aufzuheitern oder aus Vorsicht lieb zu mir zu sein, schlug den falschen Weg ein. Ich brauchte genau das, was er zu mir gesagt hatte. Jemand, der mir in die Augen sah und ganz ehrlich sagte, was er sich dachte. *Wahrhaftigkeit*. Das ist es. Authentisch sein und einfach aussprechen, was einem durch den Kopf geht. Dann kann man genau da ansetzen, wo man gerade steht.

Seit diesem Tag trafen wir uns regelmäßiger und öfter. Obwohl ich noch kiffte, entstand eine neue und intensivere Freundschaft als zuvor. Nicht unbedingt anders, als sie es früher gewesen war. Sie war einfach nur um einen tieferen und wahrhaftigen Aspekt erweitert.

Posthof-Drogendealer?

Als ich in Linz meine Ausbildung machte, gingen wir öfter in den Posthof. Das ist ein Veranstaltungszentrum, wo viele Konzerte stattfinden. Oft spielten dort echt geile Bands. Eine Zeitlang waren dort Technofeste angesagt, die man Raves nennt, und eine Sparte davon hieß Trance, die richtig geil reinfuhren, wenn man eingeraucht war. Man muss Trance wahrscheinlich gar nicht näher beschreiben, man kann sich schon vorstellen, dass es einen da in andere Sphären versetzte, wenn man außerdem kiffte.

Dort gingen wir also einmal hin und verließen nach einiger Zeit die Halle, um nach draußen zu gehen, uns ein bisschen zu unterhalten und was zu rauchen. Ich hatte mein Gras, meinen Shit und meine Purpfeife in einer kleinen Silberdose. Das war so eine »Wuzelmaschine«: Das Zigarettenpapier einlegen, Tabak drauf und noch mit einem kleinen »Geschmacksverstärker« garnieren, zudrücken und, voilà!, die Wundertüte ist bereit, um sich verzaubern zu lassen.

Nachdem wir uns das reingezogen hatten, verstaute ich die Dose hinten in meinem Rollstuhl und dachte mir nichts dabei. Beziehungsweise, zur Hochzeit meiner Kifferkarriere habe ich sowieso nichts mehr gedacht. Ich hatte einmal gehört, dass man für seinen Eigenverbrauch ein Gramm mit sich führen durfte. Da sollte einem im Normalfall nichts passieren. Ich war dann so schlau, dass ich ein Gramm Gras, ein Gramm grünes Hasch, ein Gramm braunes

Hasch und ein Gramm Schwarzen Afghanen mitnahm. Wir saßen dann eben total eingekifft rum und unterhielten uns bei einem Bier. Auf einmal kam jemand von hinten auf mich zu.

»Was hast du da hinten in der Dose?«

Das geht dich gar nix an …

»Kriminalpolizei. Bitte mit nach draußen kommen.«

Scheiße … Geh, leck … Na, scheiße … Was soll ich jetzt machen?

»Mit nach draußen kommen«, wiederholte er.

Ich konnte das nicht glauben. Ich hatte mich im Rollstuhl so sicher gefühlt, hatte nicht gedacht, dass man mich auf so etwas ansprechen würde. Weil ich ohnehin schon so bedient war, würde man mich in Ruhe lassen …

Aber ob Rollstuhl oder nicht: Vor dem Gesetz ist jeder gleich.

Was sollte ich schon machen, wenn es mit nach draußen kommen hieß? Davonlaufen hat wohl keinen Zweck. Und außerdem, selbst wenn ich das gekonnt hätte, hätte ich mich das niemals getraut. Also gingen wir nach draußen.

»Mach bitte die Dose auf.«

Ich griff nach hinten und zog sie hervor, und in dem Moment wurde mir klar, dass ich auf jeden Fall Probleme bekommen würde, egal wie viel da noch drinnen war. Man nahm mir natürlich den Inhalt weg und gab mir die leere Dose zurück.

»Bist du mit dem Auto da?«

»Ja.«

Ich Vollidiot …

Jeder normale Mensch hätte geschalten und Nein gesagt.

Wie deppert kann man eigentlich sein?

»Wo steht es?«

Na ja … Zwecklos …

»Da hinten.«

Wir gingen zum Auto.

»Aufsperren!«

Ich machte den Kofferraum auf und erschrak selbst. Ich muss vielleicht dazusagen, dass ich zu diesem Zeitpunkt nicht unbedingt der Ordentlichste war. Überall lagen kreuz und quer Silberpapierchen herum. Hunderte, wenn nicht Tausende. Und Halbkilo-Getreidesäcke, die schon aufgerissen waren.

Zur Erläuterung: Viele Freunde von mir hatten diese Silberpapiere (die Silberpapiere, die man von den Zigarettenschachteln wegziehen muss) gesammelt, weil es einmal irgendwo geheißen hatte, man würde für zehn Kilo solcher Silberpapiere einen Rollstuhl bekommen. Und die Getreidesäcke hatten wir einmal an einem »Tag der offenen Tür« in einer Bäckerei als Geschenk bekommen.

Als ich das alles sah, wurde mir klar, was die Polizisten von mir denken mussten.

Das ist der totale Drogendealer.

Kokain wird meistens in Silberpapieren portioniert und verkauft. Und aus Filmen kennt man das Phänomen, dass Kokain und Heroin in Kaffeepackungen versteckt werden, um es über die Grenze zu schmuggeln, weil es die Spürhunde so nicht riechen können.

Genauso muss es für die Polizei ausgesehen haben.

»Es ist nicht so, wie es aussieht!«

Ich hätte mir ja selbst nicht geglaubt. Aber ich konnte nur die Wahrheit sagen, auch wenn sie nicht glaubwürdig klang.

Ich hätte niemals damit gerechnet, was dann passierte. Die Polizisten nahmen meine Daten auf. Sie ermahnten mich. Wenn so etwas noch mal passieren sollte, würde ich meinen Führerschein abgeben müssen und eine Vorstrafe bekommen. Außerdem konnte ich jederzeit zum Amtsarzt geladen werden, um eine Harnprobe abzugeben, da man damit bis zu einem Monat zurück feststellen kann, ob man Drogen zu sich genommen hat.

Da habe ich ja echt noch mal Glück gehabt …

Woah …

Ein Riesenschock, den ich bestimmt niemals vergessen werde.

Auf Schwammerl

In diesem Kapitel geht es nicht um irgendwelche Kochrezepte von gewissen Schwammerlarten, sondern um die Wirkungsweise, die sich sehr speziell auf das Gemüt schlägt, wenn man solche Dinger zu sich nimmt. Man kann ja immer wieder lesen, dass manche Schwammerln giftig und sogar tödlich sind. Aber in gewissen Mengen wirken sie, na ja, wie soll man sagen … Also, am besten ich erkläre das mit einer Geschichte!

Wie so oft saß ich wieder voll eingekifft in meinem Bunker im Internat in Linz und glotzte stumpfsinnig in den Fernseher hinein. Da kam ein Freund von mir zur Tür reingeschneit. »Hey, schau, was ich mithabe. Das sind Schwammerln! Magst du mal probieren?«

Ich war mir nicht sicher.

»Sind die gefährlich? Wie fahren die?«

»Gefährlich kann man nicht sagen …«, sagte er, »das ist ja eh was Natürliches. Aber vertrau mir, ich sag dir schon, wie das geht!«

Die Schwammerln waren in Honig eingelegt, um sie besser »strecken« zu können und weil sie dadurch bekömmlicher werden.

Wenn ich mir vorstelle, dass ich ein Honigglas bei meinen Eltern mal durch *so ein Honigglas* ausgetauscht hätte, dann würden sie vielleicht heute besser verstehen, welche »Reisen« ich in der Zeit so unternahm …

Na ja, jedenfalls warf mein Freund gleich mal seine Portion ein, von der er wusste, dass er sie vertragen würde. Zu mir meinte er: »Nimm ein bisschen und warte einfach mal ab. Kein Stress. Und nicht zu viel nehmen! Das könnte sonst ganz arg einfahren.« Er gab mir eine Portion, von der er fand, dass sie für einen Anfänger gut verträglich war und wo man auch noch Potenzial für eventuelles »Feintuning« hatte.

Gut, da saßen wir nun.

Also, ich saß in meinem Bett und er hockte in meinem Rollstuhl.

Wir starrten in den Fernseher. Ich glaube, wir haben ewig nicht geredet. Nach einer Zeit steckte ich das Buttermesser ins Honigglas und schleckte daran herum. Immer und immer wieder schleckte ich genüsslich am Honig herum.

Dann wurde es auf einmal richtig schräg. Wir sahen uns irgendeinen Scheiß im Fernsehen an, ich weiß nicht mehr genau, was lief, weil ich echt Raum und Zeit vergessen hatte, aber es war irgendeine Autoverfolgungsjagd. Die Mittelstreifen der Straße flogen immer schneller und schneller vorbei. Und plötzlich kamen diese Mittelstreifen *aus dem Fernseher heraus.* Sie rasten an mir vorbei.

Boah ... Geh, leck ...

Danach kam ein Interview im Fernsehen und mir kam es so vor, als würden die Personen direkt vor der Scheibe sitzen und miteinander reden.

Was ist denn das??

Ich drehte mich zu meinem Freund rüber und wollte ihn fragen, was da gerade los ist. Er saß immer noch im Rollstuhl und schaute mich an.

Was ich da gesehen habe, werde ich niemals vergessen. Er sah aus wie eine Mischung aus Werwolf und Affe. Das war so schräg!

»Hey, Alter, was ist mit dir los??«

»Woah, woah, woah, woah ...«

»Was??«

»Woah, woah, woah, woah ...«

»Hey, Alter, ich versteh dich nicht!«

»Woah, woah, woah, woah ...«

Seine Stimme und auch alle anderen Geräusche um mich herum waren verzerrt, wie wenn ein altes Tonband hängt. Irgendwann drang er dann doch zu mir durch und erklärte mir, dass wir jetzt voll drauf waren. Dass die Schwammerln jetzt richtig fuhren. Ich war echt erleichtert. Das überstieg alles, was ich bis jetzt jemals genommen hatte.

28. Dezember 1997

Es mag sich vielleicht dramatisch oder übertrieben anhören, aber der 28. Dezember 1997 sollte der Tag sein, an dem sich mein Leben von Grund auf veränderte.

Zwei Freunde luden mich ein, eine Art religiösen Nachmittag in ihrem Haus zu verbringen. Ich war schon einigermaßen mit diesen »Halleluja-praise-the-Lord-Hände-in-die-Höhe-und-herumhüpfen-Spastikern« vertraut und nahm die Einladung an. Sie gehörten zwar auch zu dieser Gemeinde, aber ich hatte einen relativ, wie soll man sagen, realistischen Draht zu ihnen. Die beiden führten eine Werbeagentur, was für mich bedeutete, dass sie auch ganz normale Businessmenschen waren, die einer Arbeit nachgingen, und nicht nur von Gott und Liebe lebten. Ganz normale Menschen, die in der Früh aufstehen, ihren Kaffee trinken, duschen und dann in die Firma fahren, wo sie über Unsummen verhandeln und sich mit vertraglichen und finanziellen Angelegenheiten auseinandersetzen mussten. Dass es ihrem Gegenüber dabei scheißegal war, ob sie an Gott glaubten oder nicht, war ihnen natürlich bewusst. Sie hatten eine realistische Einschätzung der Welt, in der wir leben. Und das war mir sympathisch.

Die beiden wohnten und wohnen noch immer am Gaisberg. Das ist einer unserer beiden Hausberge in Salzburg. Eine echt coole Lage und ihr Haus war wunderschön. Verwinkelt und verträumt. Ich sprach mich mit einer damaligen Bekannten ab und wir trafen uns auf einem Parkplatz, wo ich in ihr Auto wechselte und wir zusammen weiterfuhren. Die Fahrt dauerte ungefähr fünfzehn Minuten und ich war richtig aufgeregt. Als wir ankamen, waren schon einige Leute da.

»Ja, hallo, Thomas, freut mich, dass ihr gekommen seid!«

Umarmungen, Küsschen, alles so liebevoll.

Ist das jetzt alles nur gespielt? Oder sind die wirklich so? Wir sind doch gar nicht in der Kirche!

Im Haus redete jeder mit jedem. Da war richtig was los. Ich dachte mir, vielleicht geben die sich einfach nur Mühe, nett zueinander zu sein. Was ja kein Fehler wäre. Es gibt schließlich nichts Gutes, außer man tut es. Und dann sah ich, dass sogar Sekt getrunken wurde. Ich hatte immer gedacht, Christen würden nichts trinken. Aber eigentlich … warum denn nicht? Es ist ja schließlich nur ein Gläschen …

Irgendwann verlor ich die Scheu. Ich versuchte meine Unsicherheit zu überspielen. Die Stimmung wurde immer besser, es war richtig nett, und ich merkte, dass diese Menschen einfach so waren, wie sie waren. Ein bisschen schräg, aber welcher Mensch ist nicht ein bisschen schräg? Schließlich wurde zu Tisch gebeten und ich wollte schon zugreifen, aber da merkte ich, dass sie sich die Hände reichten.

Nein … Nein … Ach Gott … Geh, leck …

Es war mir unangenehm, aber ich machte mit, um nicht aufzufallen. Der Gastgeber sprach ein Gebet. Das war irgendwie nicht ganz so, wie man sich das normalerweise vorstellt. Er bat Gott einfach nur darum, das Essen und die Gemeinschaft zu segnen.

Warum eigentlich nicht?

Und dann fingen wir an zu essen. Es war nett. Jeder war wieder sehr zuvorkommend, jeder redete mit jedem und die Stimmung war locker und entspannt. Was mir aber besonders auffiel, war die Art, wie man miteinander redete. Wenn dich einer fragte, wie es dir geht, dann nicht so, wie man es sonst gewohnt ist. Die hielten direkten Augenkontakt, man merkte, dass da wirklich ein Interesse bestand.

Wie geht's dir?

Hmmm …

Gute Frage! Mein Unterbewusstsein wusste schon, wie es mir ging, aber ehrlich gesagt hatte ich nie wirklich, also wahrhaftig, darüber gesprochen. Und komischerweise fiel es mir in diesem Kreis ganz leicht. Es war schon schräg, die Dinge einfach mal ganz offen anzusprechen, aber es tat mir richtig gut. Ich versuchte ehrlich zu sein. Weil ich merkte, dass alle anderen hier auch ehrlich waren. Beziehungsprobleme, psychische Probleme, Zukunftsperspektiven: Alles wurde hier voreinander offengelegt, jeder schüttete sein Herz aus, behielt nichts für sich. Und obwohl das so ungewohnt für mich war, fühlte ich mich wirklich wohl bei diesen Menschen.

Nach dem Essen saß ich dann eine Weile nur mit dem befreundeten Paar zusammen. Unsere Gespräche vertieften sich und auf einmal sprachen wir sogar über meinen Vater. Er war zu diesem Zeitpunkt sehr krank. Wir sprachen auch über meine Situation, wie ich lebte, was mich beschäftigte. Schließlich fragten sie mich, ob sie für meinen Vater beten sollten. Ich dachte mir, ich hätte ja nichts zu verlieren, warum denn nicht. Und dann beteten sie. Aber nicht so, wie man es aus der Kirche gewohnt ist, wo man eine Litanei herunterplappert und die Worte einen gar nicht richtig berühren, sondern diese Art von Gebet wurde direkt an eine Person gerichtet. Man fragte sie direkt an, man stellte eine direkte Bitte an sie. Im Geiste wurde mein Vater vor Gott gelegt und es wurde darum gebeten, dass der »Heilige Geist« ihm seine Krankheit und sein Leid nehmen möge. Das war richtig schräg. Ich zweifelte irgendwie an dieser Methode, aber ich ließ es zu. Dann beteten sie um meine Heilung. Einige andere kamen dazu und streckten ihre Arme in meine Richtung.

»Komm, Heiliger Geist, komm und heile Thomas!«

Ich versuchte mich darauf zu konzentrieren, dass eventuell etwas passieren könnte, aber ich glaubte wohl nicht wirklich von ganzem Herzen daran.

Obwohl …

Na ja.

Man hört ja immer wieder, dass es im Urwald Menschen gibt, die durch Händeauflegen Knochenbrüche zusammenwachsen lassen können. Oder dass sie Krebsgeschwüre von einem Moment auf den anderen verschwinden lassen können, und es gibt einfach keine medizinische Erklärung dafür. Natürlich kann das auch einfach nur Scharlatanerie sein.

Aber was ist, wenn da echt was dran ist?

Was ist, wenn das doch funktioniert?

Also, dass ich mein Leben im Rollstuhl verbringen muss, ist schließlich auf jeden Fall Fakt.

Aber wenn da doch was dran ist …

Ich war hin und her gerissen.

Es wurde immer später und später. Als der Abend schließlich vorüber war und sich einer nach dem anderen verabschiedete, bekam ich noch eine Bibel geschenkt. Ich freute mich irgendwie darüber. Man freut sich ja immer, wenn man etwas geschenkt bekommt.

»Lies einfach mal darin, egal welche Stelle. Und streck dich nach Gott aus, egal wie, bete einfach! Einfach aus deiner Seele heraus. Auch wenn du nicht weißt, wie, aber streck dich einfach nach oben aus und bete!«

Und ich dachte mir: »Hilft's nix, schadet's nix …«

Eine Bekannte brachte mich zu meinem Auto, das ich im Tal geparkt hatte. Ich verabschiedete mich von ihr und stieg ein, schmiss die Tür zu, lehnte mich zurück und atmete durch.

Geh, leck.

Was war das denn heute?

Schräg …

Ich brauche eine Zigarette!

Das war mein erster Gedanke. Am Beifahrersitz lagen meine Camel. Ich konnte schon spüren, wie sich der Tabak in Rauch verwandelte und durch meine Lunge strömte. Ich zündete mir eine an und startete den Wagen. Aber nach kurzer Zeit stieg ein Gedanke in mir hoch.

Jetzt warst du den ganzen Nachmittag am Gaisberg oben und hast keine einzige Zigarette geraucht. Sieben oder acht Stunden lang. Du hast nicht einmal Lust auf eine Zigarette gehabt. Geschweige denn auf einen Joint. Oder auf ein Bier. Und dann steigst du ins Auto und das Erste, was du tust, ist, nach einer Zigarette zu greifen. Probier's: Hör mit dem Rauchen auf!

Gleich nachdem ich das gedacht hatte, kamen die entgegengesetzten Gedanken:

Ach, geh bitte.

Das hast du schon oft probiert.

Das schaffst du nicht.

Du bist und bleibst halt ein Raucher.

Ich kam mir vor wie in einem Zeichentrickfilm. Als ob auf meiner einen Schulter ein kleiner Engel sitzen würde, der sagt: »Tu es, probier es, hör mit dem Rauchen auf!«, und auf der anderen Seite ein kleiner Teufel, der dagegenredet: »Das brauchst du gar nicht zu probieren, das schaffst du nicht, probier's erst gar nicht!«

Triff einfach eine Entscheidung. Mehr als dass du morgen wieder rauchst, kann nicht passieren.

Ich fuhr und fuhr und fuhr und in meinem Kopf rasten die Gedanken um die Wette. Dann kam ich an einem Radarkasten vorbei und ich kann mich noch genau daran erinnern, was mir in diesem Moment durch den Kopf ging: »Okay, also, wenn es dich wirklich gibt, Gott, dann hilf mir dabei, dass ich mit dem Rauchen aufhöre!«

Und gleich darauf: »Okay, dann probiere ich aber auch gleich, mit dem Kiffen und dem Saufen aufzuhören.«

Ich dachte mir, wenn es Gott tatsächlich gab, und wenn es doch hieß: »Alles ist möglich, dem, der da glaubt«, dann will ich auch *alles*. Ich glaube nicht an irgendeinen halbherzigen Scheiß. Wenn Gott alles möglich machen kann, dann will ich alles. Ich wollte ihn damit in gewisser Weise auf die Probe stellen. Ich gab ihm eine Chance, mir zu beweisen, dass er da war, und kam zu dem Entschluss: »Okay. Ich probiere, mit dem ganzen Mist aufzuhören. Auf eine unbegrenzte Zeit. Und beobachte einfach, was passiert. Und ich kann immer wieder damit anfangen, wenn ich merke, es funktioniert nicht.«

Zu diesem Zeitpunkt war mir noch gar nicht bewusst, dass das der entscheidende Moment in meinem Leben gewesen ist. Ich wusste auch nicht, dass diese beiden Komikfiguren auf meiner Schulter tatsächlich Gott und der Teufel gewesen sind, die zu mir sprachen. Also, nicht als Personen, sondern als Geister, als Energien. Ich glaube, die Menschen brauchen das, dass sie sich Gott und den Teufel als Personen oder Gestalten vorstellen können, damit sie für sie greifbar werden. Die positive Energie als Gott und die negative Energie als den Teufel: Diese Bilder malt man sich im Kopf aus, was auch verständlich ist. Denn wenn man an einem Problem arbeiten will, muss man es auf den Punkt bringen und es ganz konkret machen. Alles um einen herum ist Energie. Aber woher soll man wissen, zu welcher Energie man sich wenden soll? Woher weiß ich, was Gott ist? Gott kenne ich dann, wenn ich den Teufel kenne, und umgekehrt. Ich muss es auf den Punkt bringen. Deswegen gibt es ja auch eine Schrift, eine Lehre, die mir ganz konkret vor Augen führt, was Gott zuzuschreiben ist und was dem Teufel angehört. Das Positive ist Gott. Alles, was mich vom Positiven abhält, ist das Negative und damit der Teufel.

Wenn ich an einem Problem arbeiten und wirklich eine dauerhafte Veränderung herbeiführen will, dann muss ich an die Wurzel des Problems. Aber woher erkenne ich, was die Wurzel ist? Woher weiß ich, wie ich arbeiten muss? Ich glaube, der Mensch braucht den Glauben an Gut und Böse. Wenn alles relativ ist und Ansichtssache, dann ist das ein Denken, mit dem ich mich nicht identifizieren kann. Ich will dafür ein sehr drastisches Beispiel anführen und kann verstehen, wenn das jemandem zu hart erscheint, aber ich glaube, man muss so ein extremes Beispiel anführen, um meinen Standpunkt zu veranschaulichen: Wenn alles relativ ist, wenn es also kein Gut oder Böse gibt, ist es dann auch okay, wenn ein Kinderschänder Kinder missbraucht? Aus seiner Sicht ist das doch gut, es macht ihm doch Spaß, also, was soll's? So kann die Welt meiner Meinung nach nicht funktionieren. Wir brauchen ethische Standpunkte und Grenzen, wir *müssen* daran glauben, dass es Gut und Böse gibt, weil sonst die ganze Welt in Chaos versinkt und ein dunkler Ort wird, wo jeder so handeln kann, wie es ihm passt, egal wie verletzend oder gewalttätig seine Handlungen sein mögen. Deswegen ist auch der Ausdruck »Sündenbock«, auch wenn er sehr negativ besetzt ist, ein gutes Beispiel dafür, dass Menschen eine klare Vorstellung davon haben wollen, was gut und böse, was positiv und negativ ist. So funktionieren wir eben.

Ich verstehe jeden, der mich nach dem Lesen dieses Absatzes für verrückt hält. Dem meine Gedanken zu abgefahren sind, zu steil. Ich verstehe das. Aber: Diese Gedanken waren es, die mir ein neues Leben gegeben haben. Diese Gedanken haben mich aus der Dunkelheit und allem Verlogenen herausgeführt. Und deswegen finde ich, sind sie es auf jeden Fall wert, erzählt zu werden.

Ich spürte von da an, wie total viel Energie in mir aufstieg. Viele Menschen würden vielleicht sagen, dass das die Entzugserscheinungen waren. Aber ich nahm diese Veränderungen als pure Energie wahr. Plötzlich brach alles aus mir heraus. Ich verstand, was ich in den letzten Jahren mit dem Kiffen, dem Alkohol und den anderen

Drogen versucht hatte: Ich hatte versucht, mir die Realität vom Leib zu schaffen. Ich hatte alles unterdrückt, was an Gedanken und Emotionen aus mir herausbrechen wollte, ich hatte alles ersticken und vernebeln wollen und mir dabei auch noch gedacht, wie cool ich doch drauf wäre und dass die anderen Menschen total bescheuert waren, weil die ihr Leben gar nicht genießen wollten. Es gab doch so viel mehr! Durch die Drogen hatte ich in andere Realitäten tauchen und mir andere Wahrnehmungen zulegen können. Jetzt erkannte ich auf einmal, dass ich mir damals nur eine Scheinwelt aufgebaut hatte, um den Schmerz der Realität auszublenden. Ich hatte mir meine eigene Theaterbühne aufgebaut und irgendwann nicht mehr gemerkt, dass mein Leben nur ein großes Schauspiel war.

Ich weinte so viel. Es tat mir richtig gut. Als würde ich immer leichter und leichter werden. Wenn ich in der Bibel las, las ich immer wieder:

»Alles ist möglich, dem, der da glaubt.«

Und wieder dachte ich mir: »Okay. Alles ist möglich. Ich will alles. Ich will wieder gehen.«

Ich dachte mich in jede Zelle meines Körpers hinein. Bis in die Zehen. Ich schwöre bei Gott, ich wäre bereit gewesen, jederzeit aufzustehen! Ich machte Liegestütze, bis ich nicht mehr konnte, trainierte mit den Hanteln, bewegte mich immer und immer wieder. Ich spürte diese grenzenlose Energie, die durch meinen Körper floss und mich heilte. Wie gesagt: Komischerweise glaubte ich wirklich daran, dass ich sofort aufstehen könnte …

Weinen, in der Bibel lesen, Training. Immer und immer wieder.

Irgendwann kam ich auf die glorreiche Idee, ich müsste jetzt so drauf sein wie Jesus: vierzig Tage fasten! Ich wollte das einfach durchziehen. In der ersten Woche habe ich nur Wasser und grünen Tee getrunken. Ich wurde immer klarer im Kopf. Körperlich zerriss es mich beinahe, so viel Energie trug ich in mir drinnen. Ich war so hellwach wie noch nie, auch geistig. Wenn ich mich mit Karl traf, machte es mir überhaupt nichts aus, wenn er direkt neben mir anfing zu kiffen.

Ganz im Gegenteil!

Ich war so motiviert, dass es mir sogar Spaß machte, wenn alle neben mir kifften und ich aus voller Überzeugung Nein sagte.

Das gibt's ja nicht ...

Beim Fortgehen trank ich Leitungswasser, und mit jedem Schluck spürte ich, wie alles Negative aus meinem Inneren herausgeschwemmt wurde.

Ach, wie geil ...

Ich sah dann ganz klar die Angriffe des Teufels vor mir und konnte dem spielerisch widerstehen. Das machte mir solchen Spaß, weil ich alles so klar sah: Es gab diese zwei Geistesmächte und es bedurfte nur einer einfachen Entscheidung. Ab dem Zeitpunkt, wenn man die Entscheidung fällt, ist es plötzlich ganz leicht: Aus heiterem Himmel hat man dann ein Bild, eine Vision, ein Ziel vor Augen und muss nur noch dem Weg dorthin folgen.

Es ist meine Entscheidung. Selbst wenn ich die falsche Seite wähle, ist und bleibt es MEINE Entscheidung, der ich folge.

Mir machte es plötzlich so viel Spaß, mich der Realität zu stellen. Ich fühlte mich wie ein Ritter, der für sein Land kämpft.

... für seine Entscheidungen!

Von nun an konnte ich mich so annehmen, wie ich war. Ich erkannte mich selbst und stellte mich mit Freude der knallharten Realität. Immer wieder flossen die Tränen, aber sie waren niemals schmerzhaft. Ich sah mich aus mir selbst heraustreten und konnte mich so betrachten, wie andere mich sahen.

Ich sitze im Rollstuhl.

Ich bin behindert.

Ich schaue aus wie ein Penner.

All diese Dinge, die so negativ besetzt waren, konnte ich ganz klar sehen und sie als Teil von mir annehmen. Ich hatte auch das Verlangen, mich so anzunehmen. Ich sah mich aus der Sichtweise der Realität. Und alles fiel von mir ab wie eine Last. Das jahrelange Versteckspiel. Das ganze Theater. Es ist so, wie es ist. Es bringt nichts, sich vorzumachen, etwas wäre so, wie es nicht ist. Ich realisierte meine Situation. Alles um mich herum wurde ruhig.

Ich stehe auf dem Fundament der Wahrhaftigkeit.

Es gibt kein satteres, tieferes Fundament als dieses. Wenn man darauf steht, dann ist man zwar nackt und verletzlich, ausgeliefert, aber man ist auch gleichzeitig beschützt, man ist geborgen. Weil es die Realität ist und das Wahre. Ich war plötzlich mit dem richtigen Rüstzeug ausgestattet, um mich gegen Angriffe, innerlich wie auch äußerlich, zu wehren.

Ich bin nun eins mit mir selbst.

Ich bin authentisch.

Wenn diese Grundlage einmal gelegt ist, kann man seinen ganz eigenen Weg erkennen. Denn wenn man in der Wahrhaftigkeit ist, bekommt man den eigenen, für sich bestimmten Weg. Den, den man einfach verfolgen *muss*. Man erkennt diesen Weg anhand von Intuition und Emotionen. Es ist eine Erleuchtung. Es ist die Art und Weise, wie Gott zu uns spricht.

Nagano 1998

Wie Gott zu mir gesprochen und mich erleuchtet hat, wie ich meinen Weg gefunden habe, den ich von nun an verfolgen wollte und musste, das will ich nun in dieser Geschichte erzählen.

Die Olympischen Winterspiele in Nagano 1998. Jeder kennt den Mann, der zu diesem Zeitpunkt alles gewonnen hat. Niemand, auch ich nicht, glaubte daran, dass er jemals verlieren könnte.

Die Abfahrt war um zwei Uhr in der Früh angesetzt. Nebel, Nebel, Nebel. Deswegen wurde das Ganze um zwei Stunden verschoben, aber es störte mich nicht, ich hatte nichts Besseres zu tun, als vor dem Fernseher Liegestütze zu machen, mich mit meinem ganzen Gefühl in meine Beine zu versetzen, das, was ich immer tat.

Dann war es so weit.

Hermann Maier stürzte sich aus dem Starthaus, als wollte er die Luft zerbeißen, die ihm entgegenkam. Ja, er ließ es gleich richtig krachen. Ich dachte, der wollte gleich vom Start weg eine Stunde Vorsprung haben, so entschlossen stürzte er da los. Auf einmal ein starkes Linkstor, das genau auf einer Kante stand. Man sah schon, dass er es viel zu direkt ansteuerte, dass sich das niemals ausgehen konnte. Er hob ab und mein Herz blieb stehen. Sechs, sieben Meter durch die Luft. Dann schlug er auf, wie ein Blatt im Wind wurde sein Körper herumgewirbelt.

Scheiße. Jetzt ist er hin. Oder querschnittsgelähmt. Scheiße.

Aber dann.

Hermann Maier stand auf und winkte. Alles okay.

Wahnsinn!

Alle waren sich sicher, dass dieser Sturz, auch wenn nichts Gröberes dabei passiert war, negative Auswirkungen auf seine weiteren Fahrten haben würde. Das wäre nur normal. Das war zu erwarten.

Um es kurz zu machen: Drei Tage später wurde Hermann Maier Olympiasieger. Und dann kam der Moment, den ich niemals vergessen werde. Sie spielten die Bundeshymne. Und ich konnte die Tränen nicht zurückhalten. Bekam eine Gänsehaut.

Wahnsinn, Wahnsinn, Wahnsinn …

Plötzlich wurde ich wieder in meine Kindheit zurückversetzt. Ich hatte dieselben körperlichen und seelischen Empfindungen wie damals als kleiner Bub, der auf dem Sofa sitzt und feuchte Augen bekommt, weil ein Österreicher die Abfahrt in Kitzbühel gewonnen hat. Oder die Olympischen Spiele. Die Bundeshymne zu hören hatte immer schon eine Gänsehaut in Kombination mit Tränen der Rührung und Freude bei mir ausgelöst. Schon als Kind. Und so war es auch in diesem Moment.

Und da habe ich etwas verstanden.

So arbeitet Gott.

Gott ist nicht jener Gott, der mit seinem langen Rauschebart hinter einem Busch hervorkommt, den Zeigefinger erhebt und ruft: DAS IST NUN DEIN WEG! Er gibt dir keine klaren Anweisungen. Stattdessen gibt Gott dir ein Gefühl, er pflanzt ein tiefes Verlangen in dein Herz, das nur du allein spüren kannst, er zeigt dir Bilder, wo du einfach spürst, dass du in ihnen zu Hause bist. Du weißt, wenn du dieses Zuhause erreichst, dann wirst du eine tiefe Beruhigung und Ruhe erfahren. Das ist sein Wunsch, dort will er dich haben. Und wenn wir ehrlich sind, ist das doch richtig geil. Eine verrückte Welt, aber so unglaublich schön. Und diese Aufgabe, dieses Zuhause, das du durch Gott bekommen kannst, kann alles sein! Wenn du das tiefe Verlangen spürst, auf einen Kastanienbaum zu klettern und jedes einzelne Blatt zu zählen, dann ist auch das Gottes Wunsch, dann ist das dein Weg, dein Zuhause.

Mir wurde klar, dass der Hermann nur siebzig Kilometer südlich von uns lebte, er atmete dieselbe Luft wie wir. Viele hatten ihm keine Chance gegeben. Wenige hatten ihn für ein Talent gehalten. Und jetzt stand er ganz oben. Die Bundeshymne wurde nur für ihn gespielt. Da wurde mir klar, dass ich Sport machen wollte. Ich wollte das auch erreichen: ganz oben stehen. Klar, wir sind sieben Milliarden Menschen auf der Welt. Aber irgendjemand muss immer an der Spitze stehen …

Ich wusste, dass ich das machen wollte. Ich wusste, was ich wollte. Ich wusste, in welche Richtung ich gehen sollte. Ich wusste nur noch nicht, welche Schritte ich setzen musste, um mein Ziel zu erreichen. Aber, lieber Leser, liebe Leserin: Das ist meines Erachtens auch nicht notwendig! Man soll sich nicht in einzelnen Teilzielen verzetteln, sondern warten und sensibel werden für die Zeichen und Visionen, die einem zugetragen werden. Einfach vertrauen. Und wenn man die Zeichen erhält, dann muss man ihnen nur noch folgen. Ich vertraute in meiner Situation darauf, dass Gott sich im richtigen Moment »melden« würde. Ich trainierte einfach, so viel ich konnte, immer weiter, Liegestütze, Hanteltraining. Und währenddessen war ich die ganze Zeit in Bereitschaft, die Zeichen zu empfangen, die mich erreichen würden.

Auf in den Sport

Anfang: Handbike

In dieser Zeit forcierte ich meine Liegestütze, das Hanteltraining und das Hineinfühlen in meinen Körper. Aber das wurde mir schon bald zu wenig. Ich wollte mehr! Und ich wollte auf meine innere Stimme hören, die mich auch dazu drängte, mehr zu machen.

Immer mehr, immer mehr …

Da fiel mir etwas ein. Ich hatte einmal von ein paar Freunden ein Handbike geschenkt bekommen, damit ich Sport machen und mich bewegen konnte. Sie hatten damals geglaubt, dass mir das helfen würde, mein trostloses Leben wieder in die Hand zu nehmen. Ich hatte es ein paarmal ausprobiert, aber es war mir einfach zu anstrengend gewesen. Ich hatte keine Motivation dafür gehabt. Der Alkohol und das Kiffen waren mir lieber gewesen. Also verstaubte das Handbike in der Abstellkammer.

Nun war aber alles anders. Ich ließ mir das Handbike bringen, staubte es ab und brachte es wieder auf Vordermann. Ich konnte es kaum erwarten. Ich war so heiß drauf zu kurbeln, meinen Körper wieder richtig zu spüren. Dieses Gefühl wurde durch die Fastenkur, die ich gerade machte, verstärkt. Das war richtig geil, endlich konnte ich mich selbst wieder spüren. Ich spürte, wann es zäh wurde, und es machte mir Spaß, meinem Körper nicht nachzugeben, sondern immer weiterzukurbeln.

Immer mehr, immer mehr …

Anfangs zwanzig Minuten. Dann vierzig. Bald schon zwei Stunden. Es passierte einfach so. Wenn mein Kopf sagte: »Ich kann nicht mehr …«, dann kurbelte ich einfach weiter.

Immer mehr, immer mehr …

Ich reihte diese Gedanken, die mich zum Aufgeben bringen wollten, unter »Angriffe des Teufels« ein und überwand sie einfach. Ich nahm geistig neue Ebenen ein, und je öfter das passierte, desto mehr gewöhnte sich der Körper und schließlich auch mein Kopf daran. Ich war wieder mobil.

Aus eigener Kraft ...

Es lag nur an mir, wie weit ich kommen würde. Ich fuhr in Ortschaften herum, die ich schon lange nicht mehr gesehen hatte. Ich fing an, alles neu zu erkunden. Ich fuhr auch in Ecken herum, von denen ich nie gedacht hätte, dass es mich einmal dorthin zieht. Irgendwie wurde ich auf das Fahren süchtig. Und ich sah es auch als Training für meinen Kopf.

Ich will leben!

Wenn die Gedanken kamen, dass ich eigentlich nicht mehr konnte, fuhr ich einfach weiter. Ich spürte, wie das pure Leben und die pure Energie durch mich durchflossen. Ich war lange genug Untertan meiner körperlichen Gelüste und Grenzen gewesen.

Jetzt zeige ich meinem Körper und meinem Kopf, wo die Grenzen wirklich sind.

Ich fuhr die Salzach entlang. Ich fuhr durch den Wald. Ich fuhr an Blumenwiesen vorbei. Ich konnte wieder bewusst wahrnehmen, wie Erde roch. Wie das Gras roch. Und mit Gras meine ich das Gras, das auf der Wiese wächst! Ich schnupperte die Waldluft. Sah mir ganz bewusst die Blumen an. Nahm ganz bewusst das Fliegen der Vögel wahr. Ich war von meinem neuen Bewusstsein so wahnsinnig überwältigt. Von meinem ganzen neuen Leben!

Wahnsinn, ich pack's nicht ... Ist das geil ...

Das verursachte in mir so ein großes Glücksgefühl, dass immer mehr Energie in mir aufstieg. Ich fühlte mich wie neu geboren. Und ging immer wieder auf Entdeckungsreise.

Rugby und schließlich Rennrollstuhlfahren

Einer meiner Rollstuhlfreunde spielte Rollstuhlrugby und überzeugte mich davon mitzumachen. Einmal in der Woche spielten wir in der Halle vom Olympiazentrum Rif. Ich nahm am Mannschaftstraining der Rugby Bulls Salzburg teil und es war irgendwie echt cool. Ich hatte Spaß daran. Spaß daran, mich zu bewegen. Mich auszupowern.

Wie gesagt: Gott gibt einem Zeichen, denen man dann nur noch folgen muss. So arbeitet er. Und so kam es schon bald wieder zu einem echten Knackpunkt in meinem Leben …

Ich spielte schon nach relativ kurzer Zeit richtig gut Rugby. Wir nahmen an der österreichischen Meisterschaft in Oberösterreich teil. Wahrscheinlich waren wir eine der schlechtesten Mannschaften, die da teilnahmen, aber wir fuhren hin und waren voll motiviert. Jeder Einzelne von uns wusste, was jeder Einzelne von uns konnte, und wir setzten dieses Wissen füreinander ein. Überraschenderweise spielten wir gar nicht schlecht. Wir konnten sogar das eine oder andere Spiel gewinnen. Das war zwar nicht das Primäre an der ganzen Sache, aber es motivierte uns natürlich schon. Dafür, dass wir viel weniger als andere Mannschaften trainiert hatten, schlugen wir uns richtig gut. Es war ein tolles Wochenende. Aber ich wusste, dass das noch nicht alles für mich sein konnte. Einmal in der Woche trainieren, das war mir zu wenig. Ich wollte mehr.

Jeden Tag hart trainieren …

Außerdem wollte ich, und bitte nicht falsch verstehen, einen Sport für mich allein. Rugby war richtig geil, aber man ist eben von anderen abhängig und es ist außerdem ein bisschen, sagen wir mal, kontaktreicher als Blumenpflücken.

An diesem Wochenende lernte ich einen besonderen Spieler kennen. Er saß natürlich auch im Rollstuhl, war gut gebaut und spielte wirklich gut. Er hieß Christoph. Ich hatte schon mal von ihm gehört. Man hatte mir gesagt, dass er einer der weltweit erfolgreichsten Rennrollstuhlfahrer war.

Rennrollstuhl …

Wow!

Ach, wie geil …

Ich hatte einmal auf MTV einen Trailer gesehen. Die Musik dazu war von Rage Against the Machine gewesen. Da waren ein paar richtig wilde Hunde einen Berg hinuntergefahren. Sie hatten sich gematcht, waren im Windschatten gefahren und das waren einfach hammergeile Bilder gewesen, die sich in meinen Kopf eingebrannt hatten. Ich hatte mir damals gedacht: »So etwas können nur echte Ritter machen.« Minimal Behinderte, also die »Hautabschürfler«, wie wir sie immer nannten, konnten diesen Sport nicht machen.

Das ist nur etwas für uns …

Ich sah, wie gut Christoph Rugby spielte. Ich sah, dass er dieselbe Behinderung hatte wie ich und richtig gut Rugby spielte. Aber der entscheidende Punkt war für mich ein anderer.

Dieser Mensch fährt Rennrollstuhl.

Das ist einer von diesen Rittern …

Als ich ihn sah und mir bewusst wurde, dass er dieselbe Behinderung hatte wie ich, da wusste ich: Das ist meine Bestimmung. RENNROLLSTUHLFAHREN. Wieder ein Bild von Gott, das mir da gegeben wurde. Man kann sich darauf verlassen, dass man im richtigen Moment eine neue Wegweisung bekommt.

Wow …

Ich fuhr zu ihm hin und wir unterhielten uns. Er war echt nett und sehr zuvorkommend. Und wie der Zufall es so wollte (obwohl ich nicht mehr an Zufälle glaube und dieser Begriff fast in einem eigenen Kapitel analysiert werden sollte), erzählte er mir, dass er in zwei Monaten ein Trainingslager in einem Linzer Leichtathletikstadion, auf der Gugl, plante. Dort konnte man die Rennrollstühle ausprobieren …

Ich war hin und weg!

Ich wusste zu diesem Zeitpunkt ganz genau, dass es das war, was ich machen wollte. Christoph sah mir meine Euphorie an und versuchte mich ein bisschen zu bremsen. Er wusste aus Erfahrung, dass viele Menschen in ihrer hohen Erwartungshaltung enttäuscht wurden. Bei vielen Menschen …

Aber er kennt mich noch nicht!

Er weiß nicht, dass dieser Sport für mich bestimmt ist …

Ich spürte das ganz einfach, ohne zu wissen, wie schwierig und hart dieser Sport war.

Zwei Monate später war es so weit.

Ich reiste an und war bei Weitem nicht der Einzige. Viele Leute wollten diesen Sport ausprobieren oder übten ihn schon aktiv aus. Begrüßungen folgten. Einführende Worte. Ich konnte es kaum noch erwarten. Ich wollte endlich rein in den Rollstuhl. Irgendwie witzig: Im Reha-Zentrum hatte ich immer nur das Gegenteil gewollt. Es folgten Erklärungen zur Treibtechnik, soll heißen, Erklärungen zu den verschiedenen Techniken, wie der Rennrollstuhl angetrieben wird. Erklärungen zum Sport im Allgemeinen und zum Sportgerät. Erklärungen der Schweizer Paraplegiker-Stiftung.

Rennrollstühle werden aus möglichst leichtem Material hergestellt und sind dreirädrig: zwei große Räder hinten und ein kleineres vorne. Es gibt auch einen Lenker und eine Bremse, um den Kurvenradius vor dem Start richtig einstellen zu können. Während Sportler mit leichterer Behinderung jede beliebige Sitzposition einnehmen können, müssen Sportler mit schwererer Behinderung ihren Oberkörper auf den Oberschenkeln abstützen. So oder so kommt es immer auf die optimale aerodynamische Haltung an. Um die Hände beim Betätigen des Treibrings zu schützen, sind Handschuhe sehr wichtig.

So viel zur Erklärung.

Dann war es endlich so weit. Die Einstiegsphase begann. So ein Rennrollstuhl ist ein richtig enges Gerät. Nicht unbedingt so komfortabel wie ein Fernsehsessel. Ich musste enge, klobige Handschuhe tragen. Und so saß ich also da drin. In meinem Rennrollstuhl.

Also, im MTV-Video hat das irgendwie anders ausgesehen, als sich das jetzt anfühlt …

Und dann fuhr ich. Oder sagen wir, ich versuchte zu fahren. Das war alles so neu. So komisch. So schwierig. So viele neue Impulse. Christoph fuhr eine Weile neben mir her und beobachtete mich, gab mir immer wieder Rückmeldungen und Verbesserungsvorschläge. Als ich das Gerät schließlich halbwegs verstehen und bedienen konnte (mit Fahren hatte das noch nicht so viel zu tun), ließ mich Christoph allein fahren und meine eigenen Erfahrungen sammeln.

Das Ganze fand auf einer 400-Meter-Rundbahn statt. Man kennt das ja, das ist diese rote Bahn, die rund um ein Fußballfeld verläuft. Dort, wo die Leichtathleten ihre Runden drehen und Wettkämpfe bestreiten. Ich wollte versuchen, rhythmisch zu fahren. Es war richtig zäh und nach ein paar hundert Metern hatte ich das Gefühl, als würden mir die Arme gleich abfallen. Einige Rennrollstuhlfahrer, die das schon seit einigen Jahren machten, fuhren fröhlich ihre Runden und plauderten dabei ganz entspannt. Ich versuchte immer länger zu fahren. Immer länger und länger.

Irgendwann kam ich dann halbwegs in den Rhythmus hinein. Da wusste ich es wieder.

Das ist genau das, was ich machen will …

Auch wenn es schwer war. Oder vielleicht gerade deshalb. Ich konnte hier meine Energie kanalisiert hineinlenken. – Ein anderer Rennrollstuhlfahrer, der sogar fast blind war, testete das Fahren auch an diesem Tag, so wie ich.

»Und? Bleiben wir dabei?«

»Ja«, sagte ich. »Wir bleiben dabei.«

Endlich hatte ich das gefunden, was mich wirklich herausforderte. Etwas, das ich in Angriff nehmen konnte. Ich war total geladen. Voller Energie. Vielleicht, dachte ich, kann ich diese Energie durch den Rennrollstuhl umwandeln. Ich spürte pure Freude. Das Ganze hatte so viel Gehalt! Ich fühlte mich wie ein kleines Kind, bei dem Weihnachten kurz vor der Tür stand.

Nach diesem Trainingslager kaufte ich Christoph mein Testgerät ab und nannte es MEINS. Ein richtiges Prachtstück: wunderschöne Handarbeit aus deutschem Stahl, hätte sicher einen Preis beim Antiquitäten-Contest gewonnen. Soll heißen, der Rennrollstuhl war nicht unbedingt vom neuesten Schlag und im Gewichtsvergleich konnte er es mit einem deutschen Panzer wohl ums Arschlecken nicht aufnehmen, aber für den Anfang reichte es allemal.

Jetzt hatte ich etwas, mit dem ich jeden Tag nach meinem eigenen Rhythmus, meinem eigenen Willen trainieren konnte. Ich konnte mich selbst besser kennenlernen. Der Rennrollstuhl war Instrument meines Geistes, meiner Gedanken. Ich konnte mich ausdrücken. Ich konnte auf direktem Weg herausfinden, welche Auswirkungen mein Denken auf die Leistung hatte. Ein Blick auf den Tacho genügte. Es war einfach nur geil …

Es gab eine Strecke, die ich immer wieder fuhr. Ich hatte so großen Spaß dabei. Ich fühlte mich wieder eins mit mir selbst. Als mir die Strecke schön langsam zu kurz wurde, dachte ich mir: »Ach, was soll's, ich fahr sie noch mal.« Schließlich wurde es ganz normal, dass ich sie dreimal durchfuhr. Dabei schielte ich auch immer mit einem Auge auf die Zeit, ob ich mich vielleicht schon verbessert hatte. Ich hatte da so meine Anhaltspunkte, an denen ich immer wieder kontrollierte, wie schnell es voranging. Ein gewisser Baum. Eine gewisse Ampel. Eine gewisse Parkbank. Und immer, wenn ich sah, dass ich mich um ein paar Sekunden verbessert hatte, war das so ein extremer Kick, dass meine Motivation noch größer wurde. Ich wollte neues Land einnehmen. Das war meine Motivation. Neue Ebenen erreichen. Nicht realistisch denken, sondern immer höher hinauswollen. Ich erlangte in dieser Zeit eine besondere Erkenntnis. Es geht immer darum, zwar mit dem *zufrieden zu sein*, was man schon erreicht hat, aber man darf sich niemals damit *zufriedengeben.* Wenn man sich mit etwas zufriedengibt, beginnt die Stagnation. Dann geht nichts mehr weiter. Das Leben aber geht immer weiter und wenn du einfach stehen bleibst, dann zieht das Leben an dir vorbei und im Endeffekt machst du dann Rückschritte.

Ich machte immer weiter, wurde immer schneller. Es wurde immer mehr und mehr. Jeden Tag fuhr ich meine Runden.

Ein paar Monate später bekam ich einen Anruf von Christoph Etzlstorfer, dem Rennrollstuhlfahrer, der das Trainingslager geleitet hatte.

»Wie sieht's aus? Wie geht's dir beim Trainieren? Willst du mal nach Plan trainieren? Also strukturiert?«

Na klar will ich das!

Wir vereinbarten die Konditionen. Er schickte mir jede Woche ein Word-Dokument, in dem genau drinstand, was ich alles in Angriff nehmen musste. Ich sollte ihm dann immer eine Rückmeldung darüber geben, wie es mir ergangen war. Aber irgendwie interessierte mich das nicht sonderlich. Es ging mir immer gut mit dem Training! Ich kam mir schon nach ein paar Wochen unglaubwürdig vor, weil ich als Rückmeldung immer nur schrieb: »Super … Training ist gut gegangen … zäh, aber kein Problem …« Ich war einfach hoch motiviert und es war ganz normal für mich, dass es mir mit dem Training gut ging. Ich gab das regelmäßige Rückmeldung-Erstatten also schon bald auf. Wenn irgendetwas aus dem Ruder läuft, dachte ich mir, kann ich mich ja immer noch melden.

Das Training erfüllte mich.

Ich war im Einklang mit mir selbst.

Alles, was ich mir vornehme, gelingt …

Tod meines Vaters und Versöhnung

In den Jahren 1998 und 1999 machten meine Familie und ich eine sehr harte Zeit durch. Ich habe aber in dieser Zeit viel gelernt und es sind Dinge passiert, die mich geprägt haben. Und weil das so ein wichtiger Teil in meinem Leben ist, finde ich, dass ich erzählen muss, wie es dazu kam.

Mein Vater litt schon jahrelang an Hautkrebs. In den letzten zehn Jahren hatte er immer wieder regelmäßige Kontrollen gehabt und ab und zu war ihm auch etwas aus dem Rücken geschnitten worden, wo er sein Melanom hatte. Aber ansonsten ging es ihm eigentlich ganz okay. Er ging öfters ins Kurhaus, wo er Lymphdrainagen bekam. Die taten ihm gut, er konnte so entspannen und auf den Heilungsprozess hatte das keine negativen Auswirkungen.

Eines Tages kam er nach Hause und erzählte, dass er fast einen Unfall gebaut hätte, weil er bremsen hatte wollen, das Bein aber nicht so reagiert hatte, wie es sollte. Er meinte auch, dass er ab und zu fast taub war oder so ein merkwürdiges Kribbeln spürte. Dadurch merkte er, dass irgendetwas nicht in Ordnung war, und vereinbarte einen Arzttermin. Der wollte unbedingt eine CT machen. Es stellte sich heraus, dass mein Vater an Gehirnmetastasen litt.

Schock?

Hm, ich kann mich nicht mehr so gut erinnern. Wir wussten nicht, was das zu bedeuten hatte. Aber irgendwie spürten wir ein dumpfes Unbehagen. Sie mussten meinen Vater operieren. Er bekam einen Termin in der Nervenklinik in Salzburg. Das war schon ein Wahnsinn für uns. Die Vorstellung, dass die ihm dort den Kopf aufschnitten und am Gehirn operierten …

Danach hatte mein Vater ein Gespräch mit dem Arzt und der sagte es ihm dann knallhart ins Gesicht: Er hatte nicht mehr lange zu leben.

Er sollte noch alles in Ordnung bringen und sein Leben so gut wie möglich genießen. Wenn alles gut ginge, würde er vielleicht noch ein Jahr zu leben haben.

Bestenfalls.

Vielleicht auch nur sechs Monate.

Geh, leck …

Das war dann sehr wohl ein großer Schock. Damals, vor mehr als zehn Jahren, hatten wir die Diagnose Hautkrebs bekommen und jetzt das. Ich konnte es nicht glauben. Ich wollte es nicht glauben. Ich konnte und musste die Tatsache, dass er an Krebs litt, akzeptieren, aber dass wir nun nur noch höchstens ein Jahr zusammen hatten … Das wollte nicht in meinen Kopf.

Diese Umstände ließen mich noch mehr zu Gott beten. Ich bat ihn, alles gut ausgehen zu lassen. Was soll man auch tun, wenn man mit so einer Situation konfrontiert wird? Aber ich rede hier ständig nur von mir. Wie muss es erst für den Menschen sein, der so eine Diagnose gestellt bekommt? Die Stimmung meines Vaters war am Tiefpunkt. Er begann innerlich irgendwie aufzugeben. Einerseits wollte er den Krebs nicht gewinnen lassen, andererseits kannte er die Statistiken, die ihm die Ärzte gaben.

Es folgten viele Besuche beim Heilpraktiker und er versuchte gesund zu leben. Schwierige … beschissene Situation. Er musste jeden Monat zur Chemotherapie. Da lag er immer eine Woche im Krankenhaus. Diese Zeit kam meiner Mutter und mir dann gerade recht. Wir begannen sogar miteinander in der Bibel zu lesen und gemeinsam zu beten. Mein Vater konnte leider nichts damit anfangen.

Na ja.

Der Alltag kehrte dann wieder ein und wir versuchten uns alle darauf einzustellen. Ich ging meinem Training nach und war einerseits voll motiviert, mein Ziel weiterzuverfolgen, andererseits aber ständig mit der Realität und Problemen beschäftigt, die einen normalerweise zum Verzweifeln bringen müssten. Komischerweise trug uns aber eine positive Kraft durch diese schwere Zeit und half uns, meinen Vater mehr als nur zu unterstützen. Wir versuchten ihn wieder aufzubauen und wollten ihm helfen, nicht aufzugeben, sondern gegen den Krebs anzukämpfen.

Eines Tages machten wir sogar einen Ausflug auf den Untersberg. Das war so schön. Ich war leider bis dahin noch nie auf den Untersberg gegangen. Er ist unser zweiter Hausberg in Salzburg. Wunderschön, mächtig und groß steht er da. Mystisch. Der Dalai Lama sagte einmal, dass der Untersberg einer der Energiegabelpunkte der Welt sei. Es gibt auch viele Sagen, die sich um diesen Berg ranken. Und auf diesen mystischen Berg war ich als Kind niemals hinaufgegangen! Mein Onkel, der Bruder meines Vaters, war früher öfter mit meinem Bruder hinaufgestiegen. Und ich Volltrottel war nie mitgekommen ...

Aber an diesem Tag beschlossen wir, einen Ausflug dorthin zu machen. Die Talstation der Gondel, die hinaufführt, ist nur fünf Autominuten von uns entfernt. Ich war schon richtig aufgeregt und wir freuten uns aufs Hinauffahren.

Wah ... Eigentlich habe ich ja Höhenangst ...

Ich weiß nicht genau, ob das Höhenangst ist, aber am Boden ist es mir einfach lieber. Da kann man den Ausblick, der schlicht ein Wahnsinn ist, nur bedingt genießen.

Endlich waren wir oben angekommen. Wir standen auf einem kleinen Plateau, von dem aus man noch einen Fünfzehn-Minuten-Marsch zum Gipfelkreuz machen konnte. Meine Eltern brachten mich an einen Platz, wo ich gut und sicher stand. Ich sagte ihnen, dass das super passte, und sie machten sich auf den Weg zum Gipfelkreuz.

Was sie auf dem Weg dorthin besprachen, teilten sie mir nie mit. Ich weiß auch nicht, was sie fühlten oder welche Gedanken ihnen durch den Kopf gingen, als sie dort oben auf dem Gipfelkreuz standen, aber das würde auch zu sehr in die Privatsphäre meiner Eltern eingreifen, glaube ich. Ich kann also nur sagen, was mir wahrscheinlich durch den Kopf gehen würde. – Ein Liebespaar. Zwei Menschen, die sich gefunden hatten, sich liebten und zwei Kinder miteinander bekommen hatten. Die zusammen durch dick und dünn gegangen waren und immer zusammengehalten hatten. Miteinander tagein, tagaus ihr Leben bestritten und sehr viel zusammen geschuftet hatten. Und nun stand diese tödliche Krankheit im Mittelpunkt. Wie sollte man damit umgehen? Wie sollte man wissen, wann alles enden würde? Die Ärzte stellten zwar Prognosen, aber inwiefern trafen die wirklich zu?

Sind das jetzt wirklich wir, denen das alles passiert?

Das kann doch alles nicht sein …

Das darf nicht enden …

Nicht so …

Wir sind doch noch jung. Das ist alles noch viel zu früh …

Ich weiß es natürlich nicht, aber ich glaube, dass das Leben einen dort oben einholt. Dort oben, wo man so einen heiligen Ausblick über Salzburg und noch viel weiter hat, holt einen das Leben bestimmt ein. Alles ist so ruhig. Man kann die Menschen gar nicht mehr erkennen, die dort unten sind. Man kann erahnen, wie klein und wie riesig unsere Welt zur gleichen Zeit sein kann.

Man ist so allein mit sich selbst. Spürt sich wirklich. Alle Gefühle, Empfindungen, Wünsche, Ängste, Ziele. Alles kommt da hoch. Ich weiß nicht, was sie erfuhren, als sie dort oben standen, aber ich glaube, sie werden es niemals vergessen und es soll auch immer *ihres* bleiben.

Ich für meinen Teil kann sagen, dass mir da oben fast das Herz stehen blieb. Ich war überwältigt vom Ausblick. Ich hatte ein Fernglas mit und wollte alles aufsaugen. Der Himmel war strahlend blau und man konnte bis zum Horizont sehen. Diese Weite. Es fällt mir so schwer, das zu beschreiben. Die kleinen Probleme, die man im Leben hat, kommen einem auf einmal wie ausgelöscht vor. Ich spürte das Leben noch stärker als jemals zuvor. Ich konnte nicht glauben, dass mir etwas den Atem rauben und mich gleichzeitig so beruhigen konnte. Ich spürte eine tiefe Kraft in mir hochsteigen.

Nach einer Stunde kamen meine Eltern wieder zurück. Sie sahen nicht unglücklich aus. Wir fuhren wieder hinunter.

Mein Gott … Das war ein wunderschöner … unglaublicher Tag …

Die Tage vergingen. Wochen. Immer wieder dasselbe Prozedere. Jeden Monat dasselbe. Eine Woche Chemotherapie, während der mein Vater im Krankenhaus lag und wir ihn besuchten. Nachmittags oder abends nach der Schule fuhr ich zu ihm. Das war eine sehr intensive Zeit. Auch eine gute Zeit. Mein Vater und ich kamen einander immer näher. Und dann passierte etwas, das ich nie vergessen werde.

Ich war wieder einmal bei ihm im Krankenhaus. Ich weiß nicht, ob das normal ist, aber mein Vater hatte mich eigentlich nie in den Arm genommen. Oder gesagt, dass ich etwas gut gemacht hatte. Oder dass er mich lieb hatte. Also, vielleicht nach der Geburt, aber als ich dann schon laufen konnte, bestimmt nicht mehr. Aber er hatte es auch nicht anders gekannt. Denn mein Vater und sein Vater waren auch nicht unbedingt wie ein Liebespärchen miteinander umgegangen. Da hatte es nur viel Arbeit gegeben, keine Zeit für so belanglose Dinge wie Umarmungen. Und irgendwann verlernt man das dann. Man wird kälter. Lernt damit zu leben und empfindet es sogar als unangenehm, wenn jemand einen doch umarmen will. Für den Körperkontakt hat man dann eben eine Frau.

Aber als ich an diesem Nachmittag bei ihm war, spürte ich etwas. Ich hatte das tiefe Verlangen, ihn zu umarmen.

Aber kann ich das?

Meine innere Stimme gab mir den Auftrag dazu.

»Ich weiß, das klingt jetzt ein bisserl komisch«, sagte ich zu meinem Vater, »aber umarmen wir uns einfach.«

Ich bewegte mich unbeholfen auf ihn zu. Ich war irgendwie aufgeregt. Die Situation kam mir in der Tat komisch vor, aber es war so, als wäre sie von einer höheren Macht, diesem inneren Verlangen, befohlen worden. Mein Vater zögerte auch nicht. Wir umarmten uns.

Paaaah … Geh, leck …

Wir waren wie zwei Eisklötze, die einander jetzt spürten. Und wir fingen an zu weinen. Uns wurde dabei ganz warm. Es fühlte sich so an, als würden wir unter einer schützenden Glocke stehen, die das Eis schmelzen ließ.

Ich spürte, wie ich ihm vergeben konnte. Alles, was vorgefallen war. Man musste nichts mehr aussprechen, der Moment heilte alles. Alles vergeben und vergessen. Wir mussten über nichts mehr sprechen. Ich spürte, wie sein Druck abfiel. Er wusste, dass ich ihm vergeben hatte. In diesem Moment brach alles heraus. Tränen flossen und es wurde immer leichter. Das war so wunderschön. Von diesem Zeitpunkt an war alles wieder gut. Und ich glaube wirklich, dass Gott so arbeitet. Wenn man nicht reden kann, dann gibt er einem eine andere Sprache. Man muss einfach auf seine innere Stimme hören.

Tage und Wochen vergingen. Der Zustand meines Vaters wurde nicht besser. Ich betete viel für ihn, auch zusammen mit meiner Mutter. Ich glaube ja an Heilungen. Ich glaube daran, dass Heilungen passieren können. Egal wie unrealistisch das sein mag. Damit eine Heilung passieren *kann*, muss man daran glauben. Wenn man nicht an Heilungen glaubt, dann ist auch das ein Glaube, ein negativer. Man glaubt daran, »dass etwas nicht passieren wird«. Und die einzige Befriedigung, die man dann erfahren kann, ist, dass sich dieser Glaube bewahrheitet: Es findet keine Heilung statt. Eigentlich ganz einfach. In der Bibel gibt es einen Vers, der für mich einer der kraftvollsten überhaupt ist:

»Der Glaube ist die Verwirklichung dessen, was man hofft, ein Überzeugtsein von Dingen, die man nicht sieht.«

Na ja, und diese Aussage trifft auf alles zu. Und deswegen glaube ich an Heilungen. Was soll schon passieren? Ich habe die Gewissheit, dass es nicht eintreten könnte. Ich bin ja kein Volltrottel. Also, dass der Tod eine Folge von Krebs sein kann, ist mir schon klar. Aber es gibt da eben *noch* eine Richtung. Es gibt noch eine weitere Option. Die Heilung. Und die nehme ich an. Ich strecke mich einfach nach diesem Glauben aus. Genau dasselbe gilt auch für meine Situation: Dass ich ein Leben lang im Rollstuhl sitzen werde, weil ich querschnittsgelähmt bin, ist mir schon klar. Aber wenn ich vielleicht eines Tages wieder laufen möchte, muss ich auch daran glauben. Mich im Glauben danach ausstrecken.

Es ist wie mit einem Trichter oder einem Dach.

Die unendliche heilsame Energie, der Heilige Geist, ist überall. Und wenn ich mich nach oben ausstrecke und im Geist die Arme ausstrecke, dann bin ich ein Trichter und der Heilige Geist kann hereinfließen, ich kann mich von ihm durchfluten lassen. Befinde ich mich aber im Zweifel, im Unglauben, mit meinem Grundsatz: »Ich glaube nicht, dass das passieren kann«, dann bin ich ein Dach und die Energie prasselt wie der Regen an mir ab. Dann ist es nicht Gottes Schuld, sondern meine, dass sich nichts verändert. Weil die unendliche Energie eigentlich da wäre, aber ich nicht zulasse, dass sie durch mich durchfließt. Ich lasse sie stattdessen abprallen.

So denke ich nun mal. Die einzige Chance für mich, dass ich eines Tages wieder gehen kann, besteht nur darin, dass ich mich im Glauben danach ausstrecke. Dann kann es eintreffen. Und wenn nichts passiert, dann sterbe ich zumindest als einer der glücklichsten Menschen auf dieser Welt. Man hört immer wieder von wundersamen Heilungen bei Urwaldvölkern. Dass auf einmal durch Handauflegen Knochen wieder zusammenwachsen oder Krebsgeschwüre aufgelöst werden.

Und irgendwie hoffte ich, dass mein Vater auch an seine eventuelle Heilung glauben würde. Nun ja.

Der Pastor, bei dem ich früher öfter gewesen war, kannte einen echt coolen Typen, einen Bauern aus Tirol, der, glaube ich, auch als Vertreter arbeitete. Der war dafür bekannt, dass er Leute tatsächlich geheilt hatte. Das war auch von Ärzten bestätigt worden. Und wir dachten uns, dass er vielleicht auch etwas für meinen Vater tun könnte. Er war ein klobiger Tiroler mit einem starken Dialekt, ein richtiger Bauer. Mein Vater hätte niemals etwas mit einem Anzugtypen anfangen können, und deswegen war er perfekt.

Was der Bauer nicht kennt, frisst er nicht.

Das war einer von uns. Wir Bauern halten zusammen. Er war ein unkomplizierter Typ, im selben Alter wie meine Eltern und einfach ein lässiger, bodenständiger, aber mit einer beruhigenden Energie geladener Tirol. Geradezu perfekt …

Er kam in unsere Stube hinein, stellte sich vor und dann plauderten wir ein bisschen. Später fragte er, was er tun könnte. Mein Vater lag auf dem Diwan. Wir erklärten ihm, worum es ging. Der Typ ging auf meinen Vater zu und redete mit ihm. Mein Vater schaute ihn natürlich etwas ungläubig an und traute der ganzen Sache nicht. Er sah immer weg, wenn es ihm zu persönlich wurde, und wandte sich innerlich ab, obwohl er nach außen zu erkennen geben versuchte, wie sehr er es zu schätzen wusste, dass dieser Mensch extra für ihn hierhergekommen war. Er betete für meinen

Vater, merkte aber, dass mein Vater das nicht annehmen konnte. Na gut. Dann setzte er sich wieder zu meiner Mutter an den Tisch. Sie saß auf einem Sessel.

»Ich spüre, dass das noch nicht alles gewesen ist. Der Heilige Geist möchte noch etwas tun«, sagte er.

Ich dachte schon, dass vielleicht meine Zeit gekommen wäre. Dann fragte er aber meine Mutter, ob sie irgendwelche Probleme hätte. Zu dieser Zeit hatte sie mit ihrem Ischiasnerv zu kämpfen und wegen der jahrelangen harten Arbeit auch Probleme mit ihrem Kreuz.

»Glaubst du an Gott?«, fragte er.

»Ja, natürlich«, antwortete sie.

»Streck deine Beine aus und leg die Füße in meine Hände.«

Meine Mutter legte ihre Füße in seine Hände. Er stellte noch einmal klar, dass nicht er selbst hier handelte, sondern der Heilige Geist. Dass nicht er selbst diese Kraft besaß, sondern, wenn es so sein sollte, der Heilige Geist durch ihn floss und er nur das Werkzeug war. Mein Vater verdrehte die Augen. Wahrscheinlich dachte er sich: »Was ist das denn jetzt für ein Scheiß?« Der Tiroler sagte zu meiner Mutter, dass sie die Beine ganz locker lassen und sich entspannen sollte.

»Komm, Heiliger Geist, und durchfließe Marianne.«

Mein Vater schüttelte den Kopf.

»Komm, Heiliger Geist, komm ...«

Und dann ...

Von einem Moment auf den anderen schwoll das Gesicht meiner Mutter an, sie fuhr sich mit den Handflächen über die Wangen und Augen und hielt sie sich schließlich vors Gesicht. Sie begann zu weinen. Ich schaute auf ihre Beine. Sie wanderten zusammen, nach innen. Auf einmal. Man konnte es richtig spüren, als wäre ein Nebel im Raum. Nicht wirklich sichtbar, aber sehr intensiv. Die Luft war so dick, dass man sie hätte schneiden können. Der Raum war voller Energie. Und meine Mutter weinte. Sie war nicht traurig oder verzweifelt, sondern da löste sich einfach etwas.

»Ja ... gut ... danke ... danke, Heiliger Geist!«

Er fragte sie, ob sie etwas spürte, ob sich etwas verändert hatte. Sie merkte, dass alles so leicht war. Und die Schmerzen waren verschwunden. Sie war mehr als einfach nur glücklich, nicht überschwänglich glücklich, sondern zutiefst berührt und mit Glück erfüllt. Echt beneidenswert, dass sie so etwas erfahren durfte. Eigentlich ein Wahnsinn. Auch mein Vater machte in diesem Moment große Augen. Aber er blieb trotzdem noch skeptisch.

Von diesem Zeitpunkt an wusste ich, dass mir auch so etwas passieren konnte. Ich wusste definitiv, dass Heilungen möglich waren. Ich hatte es ja auch schon davor geglaubt, aber nach diesem Erlebnis manifestierte sich dieser Glaube noch tiefer. Er rutschte in mein Herz. Ich glaubte nun aus tiefster Überzeugung, dass das passieren konnte. Ich hatte es mit eigenen Augen gesehen. Wenn ich über so etwas schreibe oder spreche, dann kann ich schon verstehen, dass man mich als Freak oder religiösen Spinner abstempelt. Trotzdem habe ich es gesehen. Ich habe es gespürt. Was soll ich machen, ich kann einfach nicht anders: Es gibt so viel mehr, als wir alle verstehen können, und ich durfte so ein Ereignis miterleben.

Da kann eigentlich nur noch ein Wunder helfen …

Diesen Gedanken kennt man ja. Aber normalerweise sagt man so etwas nur dahin. Wenn man weiß, dass gar nichts mehr helfen kann und man eigentlich schon damit abgeschlossen hat. Man glaubt nicht daran, dass noch irgendeine Möglichkeit besteht. Aber meine Mutter und ich, wir glaubten daran, dass diese Wunder passieren können. Bei meinem Vater passierte es leider nicht. Er hat das wahrscheinlich gespürt. Dass da nichts mehr kommen würde. Wenn die innere Kraft immer weniger wird. Wenn die Mauern, die man überwinden muss, immer höher werden. Wenn sie zu immer größeren Bergen werden. Man bekommt Platzangst. Man hat keine Energie mehr, die man bündeln könnte, um einen Ausweg zu suchen. Man hat innerlich aufgegeben.

In den nächsten Tagen ging es dann rapide abwärts. Immer schneller. Der Tumor wuchs ja ständig weiter. Er schlug sich schon aufs Sprachzentrum. Mein Vater begann wie ein Betrunkener zu stammeln. Auch seine Wahrnehmung wurde immer merkwürdiger. Als wäre er auf LSD gewesen. Er wurde immer mehr zum Kind.

Fast neckisch. Die ganze Situation war total komisch und wir konnten nicht mehr sagen, wo er war. In der Realität oder in seiner seltsamen Welt.

Bald kam dann die Weihnachtszeit. Die Untersuchungen ergaben, dass es mit meinem Vater tatsächlich sehr schnell bergab ging. Die Ärzte erlaubten uns, ihn mit nach Hause zu nehmen. Weihnachten ist ja das Fest der Liebe. Der Familie. Wir wollten ihn bei uns haben.

Tagsüber legten wir ihn aufs Sofa. Gehen konnte er eigentlich nur noch mit unserer Unterstützung. Wieder eine Extraaufgabe für meine ohnehin schon ausgelastete Mutter. Die trotz allem niemals ans Aufgeben dachte. Wir hatten zu diesem Zeitpunkt sogar noch unsere Landwirtschaft. Die Kühe mussten gemolken und betreut werden.

An einem Abend ging meine Mutter wie immer in den Stall und machte die Arbeit. Meine Aufgabe war es, währenddessen meinen Vater zu betreuen. Ihm Gesellschaft zu leisten und ihn mit Essen und Trinken zu versorgen. Wir redeten, so gut es ging, miteinander und schauten fern. Meine Mutter hatte Weihnachtskekse gebacken, die standen auf dem Tisch. Auf einmal hatte mein Vater Appetit auf diese Kekse. Er war zu dieser Zeit schon wirklich schräg drauf und hatte die Angewohnheit entwickelt, uns immer wieder zu hänseln. Das war ihm natürlich nicht bewusst, aber es war einfach eine Tatsache. Er wollte also die Kekse. Ich merkte, dass er irgendwas im Schilde führte. Er meinte, ich solle sie ihm bringen. Ich wollte zum Tisch hinüberfahren und sie holen, da merkte ich, wie er sich aufrichtete und auf die Seite rollte. Er wollte sich auf den Boden schmeißen.

Was will er jetzt? Warum macht er das?

Also fuhr ich natürlich wieder zu ihm zurück und verhinderte, dass er sich vom Sofa warf. Dann legte er sich wieder brav hin. Aber kurz darauf setzte er wieder den Dackelblick auf. Er wollte diese Kekse.

»Ich hole dir welche, aber dann musst du da liegen bleiben!«

Er gab mir zu erkennen, dass er verstanden hatte. Also startete ich den zweiten Anlauf und fuhr wieder hinüber zum Tisch. Kaum hatte ich mich zwei Meter von ihm wegbewegt, begann er wieder mit seinem Abrollmanöver.

Geh, leck. Was ist das jetzt? Was soll ich tun?

Schnell fuhr ich wieder hinüber und stellte mich abblockend seitlich zum Sofa hin. Und er lag wieder ganz brav da. Ich kam mir vor wie die Stäbe von einem Gitterbett. Das Thema »Kekse« schien für meinen Vater noch nicht abgehakt zu sein.

Okay. Ich bin ja ein Sportler. Ich sollte schnell genug sein, um einen Sprint zum Tisch hinzulegen und wieder rechtzeitig beim Vater zu sein, bevor er sich da runterschmeißt.

Das war mein Ziel! Aber mein Vater signalisierte mir sowieso, dass er verstanden hatte und nichts mehr im Schilde führte. Ich testete das kurz und merkte, dass er aufgegeben hatte. Dann fuhr ich zum Tisch. Ich schnappte den Teller und drehte um. Und was sah ich? Mein Vater lag auf dem Boden.

Das gibt's ja nicht.

Wie ist denn das jetzt gegangen?! So ein Schlitzohr …

Er hatte es tatsächlich in dieser kurzen Zeit hingekriegt. So ein Gehirntumor kann einen auf seine eigene Art und Weise kreativ machen. Kraft geben für die absurdesten Ideen, die dann zum Beispiel am Boden enden. Das war des Tumors Ziel.

Nein. Mir ist das egal. Symptome eines Gehirntumors können mir nicht das Leben vermiesen. Will er mir damit zeigen, dass das das Ende ist und ich meine Einstellung ändern soll? Nein!

Irgendwie stieg eine innere Kraft in mir hoch.

Nein. Von dir lasse ich mich nicht unterkriegen.

Ich schmiss mich aus meinem Rollstuhl und legte mich auf den Boden. Ich verkeilte mich in der Ecke und schlüpfte unter den Körper von meinem Vater. Dann stemmte ich ihn nach oben. Wie ein nasser Sack lag er da. Ganz ohne Spannung. Und irgendwie war die Situation lustig. Mein Vater und ich bekamen fast einen Lachkrampf. Eigentlich war die Situation ja eher traurig, aber wir lachten aus vollem Hals. Schließlich lag er wieder auf dem Sofa. Das war eine sehr schräge Situation …

Das alles passierte am Tag vor Weihnachten. Am nächsten Tag feierten wir also unser Fest. Weihnachten ist bei uns eine ziemlich traditionelle Sache. Als meine Großeltern starben, beschlossen wir, ihre Traditionen aufrechtzuerhalten. Diese weihnachtlichen Bauerntraditionen. Mein Onkel mit seiner Familie kam dann immer um dreizehn Uhr vorbei. Man konnte nach ihnen die Uhr stellen. Genauso pünktlich kam dann um dreizehn Uhr dreißig der zweite Onkel mit seiner Familie. Man wusste immer, dass alles nach Plan verlaufen würde. Es gab dann immer ein Begrüßungsschnäpschen und Plaudereien, eigentlich sehr schön. Und dann knieten wir hin und beteten. Ich fand das immer so schön. Das ist Weihnachten für mich. Sich wenigstens einmal im Jahr einer höheren Macht unterzuordnen. Freiwillig. Keiner ist größer als der andere. Das ist ein Bezeugen dessen, dass man sich dieser höheren Macht unterordnen kann und will. Alle auf einer Augenhöhe. Und gemeinsam zu Gott beten.

In diesem Jahr lag mein Vater auf dem Sofa. Irgendwie war es für jeden im Raum sehr besinnlich. Gleichzeitig waren wir innerlich zutiefst traurig und berührt, da man um die Lage des Hausherrn wusste. Jeder versuchte sein Bestes zu geben und den weihnachtlichen Geist hochzuhalten. Nach dem Beten aßen wir unsere Jause und plauderten und lachten. Verbrachten Zeit miteinander. Erfahrungen und Einstellungen wurden ausgetauscht. Irgendwann, so gegen vier oder fünf Uhr nachmittags, wurden dann die Geschenke verteilt und es folgte die Verabschiedung, weil dann immer jeder nach Hause fuhr, um mit den Engsten und Liebsten Weihnachten zu feiern.

Es wurde also wieder ruhiger. Jetzt waren nur noch mein Vater, meine Mutter, mein Bruder und ich übrig. Meine Mutter ging noch in den Stall und mein Bruder und ich schmückten den Weihnachtsbaum. Ich kümmerte mich um die »Operation Kekse«, die der Tumor meines Vaters sich in letzter Zeit zur Hauptaufgabe gemacht hatte. Traurig und zugleich darauf bedacht, meinem Vater ein schönes Weihnachtsfest zu gestalten, kochte meine Mutter nach der Stallarbeit die traditionelle Würstelsuppe. Es war schon schön, Weihnachten eben, aber gleichzeitig schlummerte im Hintergrund die Niedergedrücktheit. Wir wollten nichts falsch machen. Man konnte zwar noch hoffen und wir wollten die Hoffnung auch bis zum Schluss nicht aufgeben, aber die Realität sah eben recht düster aus. Es war ein sehr intensives Weihnachten. Diesmal beschäftigten wir uns alle *wirklich* miteinander. Ich glaubte, dass ich mit meinen bescheidenen Gitarrenkünsten Weihnachtsstimmung hervorzaubern könnte, indem ich »Stille Nacht, Heilige Nacht« spielte. Mit meinen Würstelfingern gab ich mich also dieser Aufgabe hin. Normalerweise ist so etwas wirklich peinlich, wenn man es nicht kann. Und es *war* auch peinlich. Aber es war mir egal.

Wenn man immer Dinge tut beziehungsweise nicht tut, um Peinlichkeiten aus dem Weg zu gehen, dann passieren auch nicht so wunderschöne Augenblicke wie damals im Sommer, im Spital, als mein Vater und ich uns umarmten und verziehen und die Tränen flossen. Wo man das Leben und die Wahrhaftigkeit spüren kann. Oft tut man gewisse Dinge nicht aus Angst. Man hätte da etwas im Kopf, aber man führt es nicht aus. Weil es ja peinlich sein könnte. Aber ich hatte es satt. Ich wollte mich nicht mehr verstecken, mich in meinem Schneckenhaus verkriechen und im Selbstmitleid baden. Das ist ein Selbstschutz. Selbstschutz vor Situationen, deren Ausgang man nicht planen kann. Vor Reaktionen, die man nicht einschätzen kann. Ob etwas gut oder schlecht für einen ausgehen wird.

Deswegen mussten mein Bruder, meine Mutter und mein Vater dran glauben und sich »Stille Nacht, Heilige Nacht« mit mir geben. Wahrscheinlich hätte es ein Kleinkind besser spielen können als ich, aber es war mir egal. Ich wollte es einfach tun. Und irgendwie spürte ich im Unterbewusstsein, dass mein Vater nicht mehr lange leben würde und dass dies wahrscheinlich das letzte Weihnachten sein würde, und deswegen wollte ich dieses Jahr einfach alles geben, um meinen Vater unser »Miteinander« spüren zu lassen. Wir hatten zu Weihnachten nie miteinander gesungen oder uns Geschichten vorgelesen. Warum aber nicht unsere alten Strukturen aufbrechen und etwas wagen? Wer nicht wagt, der nicht gewinnt. Auf alle Fälle war unser Gesang ohrenbetäubend, aber der Wille zählt, denke ich. Gott sei Dank kannte ich nur eine Strophe! Danach teilten wir die Geschenke aus und aßen die traditionelle Würstelsuppe.

Wir rissen uns alle zusammen, um nicht zu streiten.

Ach so, an Weihnachten streitet man ja nicht. Na gut.

Dann waren wir eben eine der Ausnahmen in Österreich, weil bei uns das Streiten schon üblich war. Weihnachten war bei uns eigentlich immer recht unspektakulär. Ab und zu gaukelte der eine dem anderen vor, wie sehr er sich über das Geschenk freute und wie sehr man sich doch mochte und dass der Streit von eben gerade quasi wie weggeblasen war. Eigentlich sollte man sich ja bemühen, jeden Tag im Jahr wie Weihnachten sein zu lassen. Es ist möglich. Einmal im Jahr sieht man schließlich, dass das Potenzial vorhanden ist. Und das bedeutet für mich, dass man das im Allgemeinen anstreben und man Weihnachten eigentlich öfter feiern kann. Oder den weihnachtlichen Geist in den Alltag einfließen lassen kann. Nicht dass man an jedem Tag die Verwandten und Freunde mit Geschenken überhäuft, sondern dass man, wenn es nötig ist, das Richtige *gibt*. Und zwar nicht nur materielle Sachen. Zeit, Liebe, Hilfe, Unterstützung, Vergebung, Freude. Was auch immer. Das ist für mich Weihnachten. Wenn man für den anderen da ist und ihm hilft, wenn er das braucht. Und nicht alle zuschütten mit iPhones, Computerspielen und überteuerten Klamotten. Das ist ja nur ein Freikaufen und ein Zur-Schau-Stellen und wird auf diesen einen Tag komprimiert. Wie oft ist es in Familien so, dass die Eltern das ganze Jahr über keine Zeit für ihre Kinder haben und sie dann zu Weihnachten mit teuren Geschenken überhäufen? Das brauchen die Kinder doch gar nicht. Genauso wenig wie der allein gelassene Partner, der zu Hause in seinem goldenen Käfig lieblos vor sich hin vegetiert, irgendwelche teuren Sachen nötig hat, um sich besser zu fühlen. Er kann zwar anderen Menschen mit seinem überteuerten Luxuswagen und seinen edlen Klamotten unter die Nase reiben, wie erfolgreich er ist. Und er kann mit seinem schicken Auto direkt auf einem Behindertenparkplatz oder im Halteverbot parken und noch eine Flasche Champagner in einem High-Society-Lokal schlürfen. Aber in Wirklichkeit sehnt er sich einfach nur nach echter Liebe.

Und genau das ist es.

Es geht nicht ums Geld. Klar, es ist schön, wenn man welches hat. Und es ist ja auch erstrebenswert, sich etwas aufzubauen. Deswegen geht man ja auch arbeiten, damit man nicht auf der Straße schlafen muss und ein schönes Zuhause hat und etwas Warmes zu essen. Aber Geld sollte nicht der primäre Orientierungspunkt im Leben sein. Nicht der *Sinn* eines Lebens. Ein Bibelvers verdeutlicht mir das immer ganz stark:

»Trachtet zuerst nach dem Reich Gottes und nach seiner Gerechtigkeit, so wird euch das alles zufallen …«

Geld kann nicht das Ziel eines Menschen sein. Weil es kein Leben direkt in sich selbst birgt. Weil es Druck verursacht. Neid. Hass. Und in diesem Vers lese ich, dass man seiner Bestimmung folgen soll. Den für Einen selbst bestimmten Weg. Dass man mit seinen gegebenen Talenten arbeiten soll. Und dann kommen diese anderen Dinge von ganz allein. Das ist meine Überzeugung.

Sagen wir mal so: Gitarrespielen, um auf das Thema zurückzukommen, war jetzt nicht so eines meiner Talente in dem Sinn, wie man heute Talent versteht, aber an diesem Abend wurde einfach einmal aus den alten Strukturen herausgetreten und etwas Zwischenmenschliches ausprobiert. Das ist ähnlich, wie wenn man jemanden, den man liebt, zum ersten Mal küsst. Entscheidend ist die Tat und nicht das Talent.

Also, mein Gitarrenspiel war ein ganz schlechter Kuss.

Aber es war einer, wenn man so will …

Nun ja. War das unser letztes Weihnachten? Natürlich hofften wir, dass es nicht so war, aber wir fragten uns trotzdem, wie schnell es mit dem Tumor voranging.

Es ging sehr schnell voran.

Gleich in den Tagen nach Weihnachten ging es noch rapider abwärts und mein Vater musste sofort wieder ins Krankenhaus. Er bekam stärkere Medikamente und bald war er gar nicht mehr ansprechbar. Er starrte nur noch an die Decke. Er reagierte nicht mehr auf das, was wir sagten. Eigentlich registrierte er überhaupt nichts mehr. Er lag mit halb offenem Mund da, die Augen aufgerissen und auf die Decke gerichtet. Aber nicht so, als würde er aktiv etwas ansehen, sondern so, als würde in seinem Kopf irgendein Film ablaufen. Irgendwelche Bilder, die in seinem Hirn herumspukten. Er hatte meiner Mutter zu einem früheren Zeitpunkt gesagt, dass er einen furchtbaren Druck im Kopf und irre Schmerzen hatte.

Wahrscheinlich, weil der Tumor innerlich alles zerquetschte. Deswegen bekam er richtig starke Schmerzmittel. Ich kenne mich da ja nicht so aus, aber wahrscheinlich Opium oder Morphium. Zu Silvester fuhren meine Mutter und ich zu ihm ins Krankenhaus. Wir saßen die ganze Nacht an seinem Bett und sahen aus dem Fenster. Es war wirklich furchtbar zu beobachten, dass er, obwohl wir bei ihm waren und er seine Augen geöffnet hatte, auf fast nichts mehr reagierte. Er lag einfach nur da. Aber ich wusste, dass er etwas sah. Er hatte Bilder in seinem Inneren.

Wir fuhren jeden Tag zu ihm. Es war so merkwürdig, dass *ein Körper* einfach so dalag und dass mein Vater zwar noch lebte, aber trotzdem nicht mehr *da war*. Das zeigt, dass ein Mensch eben doch mehr ist als Körper. Dass der Mensch noch aus etwas anderem entspringt als aus seinem Fleisch. Dass es der Geist ist, der ihn erst richtig lebendig macht.

Am 30. Januar in der Früh wurden wir angerufen. Ich glaube, ich muss nicht erklären, was einem die innere Stimme sagt, wenn ein Angehöriger im Krankenhaus liegt und am Morgen das Telefon läutet. Man weiß es natürlich sofort. Man spürt es.

Nun, sie erzählten meiner Mutter alles Notwendige und fragten, ob wir ihn noch sehen wollten. Wir beeilten uns – oder auch nicht, man hat in so einer Situation kein Zeitgefühl mehr. Wie in Trance erledigt man alles, man zieht sich an und fährt ins Krankenhaus. Vielleicht will das Unterbewusstsein auf der einen Seite, dass du möglichst schnell handelst, um ihn möglichst schnell sehen zu können, und gleichzeitig hemmt es dich, weil du ihn eigentlich nicht sehen willst. Weil du es eigentlich hinauszögern willst.

An diesem Tag war alles anders. Der Gang zu seinem Zimmer war anders. Es war so, als würden wir durch eine dicke Nebelsuppe wandern. Auch wenn die Sonne geschienen hätte, wäre sie nicht da gewesen. Wenn mich jemand gefragt hätte: »Willst du eine Million Euro?«, hätte ich geantwortet: »Ich habe keine Zeit.« Es ist einem einfach alles egal. Man spürt so eine fundamentale Erschütterung, die man nicht kennen kann, wenn man so etwas Ähnliches noch nie erlebt hat. Das rüttelt an der Lebensexistenz. Wir gingen diesen Gang entlang. Die Tür kam immer näher und schließlich drückte ich die Klinke hinunter und ... Wie soll man sagen? Man spürt auf einmal ... nichts. Man spürt dieses große Nichts. Ich hatte meinen Vater noch nicht einmal gesehen und schon spürte ich dieses *Nichts*. Man fühlt im tiefsten Inneren, dass der Geist nicht mehr da ist. Es war so, als würde in diesem Raum bloß eine Vase stehen. Auch wenn er bis jetzt nicht ansprechbar gewesen war, hatte man trotzdem noch seinen Geist gespürt. Nun war er fort. Ich weiß nicht mehr genau ... Alles passierte wie in Trance. Man ist so geschockt. Man kann das nicht wirklich realisieren. Man muss das erst alles einordnen. Aber für mich war eines klar: Er hatte es geschafft. Er war hinüber. Wir trauerten. Aber ... Ich spürte so eine Macht und hatte so ein Gefühl und so ein Bild vor mir. Dass da jetzt nur noch ein Körper lag. Der Mensch hat die Angewohnheit, einem Menschen nachzulaufen, ihn zu betrauern. Wie zum Beispiel bei einem Begräbnis. Alle laufen nur einer Leiche hinterher, die schon seit Tagen verfällt, und man richtet sich natürlich trotzdem danach aus, weil es der Körper war, den man sehen und angreifen konnte. Aber das ist nicht das, was den Menschen lebendig gemacht hat. Sondern der Geist. Und dieser Gedanke half mir. Als ich meinen Vater so sah, war das schon extrem hart für mich. Aber gleichzeitig konnte ich es mit Fassung tragen, weil ich dieses Bild und diesen Gedanken im Kopf hatte. Sein Körper liegt da, aber sein Geist lebt weiter. Der Geist, den man kannte. Der Lebensmotor eines jeden Menschen. Der lebt weiter. Und mir kamen diese Gedanken ...

Warum weint ihr mir nach? Mir geht's jetzt gut. Ihr weint nur um einen Körper. Ich lebe doch weiter!

Heidelberg-Marathon

Um an den Paralympics teilzunehmen, muss man sich natürlich qualifizieren. Man kann dort nicht einfach auftauchen und glauben, die Menschen warten nur auf einen. Es gibt in den jeweiligen Disziplinen Weltrekordzeiten, anhand derer die Qualifikationszeiten berechnet werden. Erst wenn man diese Hürde genommen hat, kann Österreich einen als Sportler entsenden.

Ich war mittlerweile jeden Tag hart am Trainieren, aber mit Gedanken an die Paralympics hatte ich mich noch nicht auseinandergesetzt. Ich hatte einfach so viel Spaß am Training an sich, es freute mich, jeden Tag den geistigen und körperlichen Kampf zu kämpfen. Ein Jahr nachdem ich begonnen hatte aktiv zu trainieren, sagte Christoph, dass es mal Zeit für einen Wettkampf wäre. Ich fühlte mich irgendwie noch nicht bereit dazu. Ich wollte mich nicht mit anderen messen. Ich wollte einfach nur schnell fahren, immer schneller und schneller. Immer schneller an der Parkbank vorbeifahren, am Baum, an der Ampel. Ein Wettkampf, das war wieder etwas Neues. Ich wollte nichts Neues. Ich hatte doch gerade erst etwas gefunden, das mich glücklich machte, ich wollte mich selbst noch besser kennenlernen, meine Grenzen immer weiter hinaufschrauben. Und außerdem würde ich bei diesem Wettbewerb gegen Weltrekordhalter antreten müssen. Das nagte natürlich zusätzlich an meinem Selbstbewusstsein, einen Weltrekordhalter und Weltmeister als Landsmann zu haben. Am Sport soll man ja Spaß haben. Und normalerweise ist bei den nationalen Meisterschaften die Konkurrenz nicht so stark wie bei den internationalen. Und ich sollte gleich bei meinem ersten Wettkampf gegen einen der damals besten Rennrollstuhlfahrer auf der ganzen Welt fahren. Das war natürlich ein hartes Los, eine schwierige Situation. Aber im Nachhinein betrachtet muss ich sagen, dass es auch die perfekte Schule war.

Mein Glaube half mir wieder dabei, meine Zweifel zu überwinden. Ich verstand, dass das mein weiterer Weg sein sollte. Ich musste meine Komfortzone verlassen und aufhören, mich an einer Parkbank zu orientieren. Es war Zeit, mich mit Menschen zu messen.

Scheiß der Hund drauf.

Rein ins kalte Wasser!

Meine Komfortrezeptoren sagten Nein.

Der Boss dort oben aber sagte Ja.

Mein erster Wettkampf. Ich war so aufgeregt. Und landete tatsächlich im kalten Wasser.

Hups …

So einfach war das mit dem Qualifizieren nicht. Obwohl ich schon ein Jahr lang wirklich fokussiert und konzentriert trainiert hatte, musste ich die Erfahrung machen, dass die Qualifikation doch um einiges schwerer werden würde als gedacht. Aber das war eine wichtige Erfahrung für mich. Ich konnte dadurch weiterwachsen. Von nun an begleiteten mich die Gedanken an die Wettkämpfe. Ich wusste, dass ich sie absolvieren musste, um meinen Weg weiterzuverfolgen. Zu dieser Zeit betete ich viel. Ich will hier wirklich kein religiöses Buch verfassen (Gott behüte!), aber das Beten war eine große Hilfe für mich. Ich betete auf meine Art. Nicht so, wie man das aus der Kirche kennt. Das Rennrollstuhlfahren war ein einziges Gebet für mich, wenn man es genau nimmt. Die Menschen, die sagen, sie hätten mit Glauben nichts zu tun, würden es vielleicht Meditation nennen. Ich hatte es nicht nötig, Hunderte Euro für Yoga auszugeben. Wenn man die Kirche einmal beiseitelassen und sich einfach durchlesen würde, was in der Bibel steht, dann würde man schnell erkennen, was da für eine Kraft daraus entstehen kann. Man muss einfach wie ein kleines Kind *glauben.* So einfach funktioniert das. Da können noch so viele Wissenschaftler versuchen, die Bibel auf eine intellektuelle Art und Weise zu zerlegen, so wird man nicht zum Glauben kommen. Man kann dann zwar vielleicht besser verstehen, was die Bibel einem sagen will, aber die ganze Kraft, die sie einem geben kann, wird man nur spüren, wenn man sie naiv annimmt und nicht hinterfragt. Dann durchströmen einen die Kraft und das tiefe Glücksgefühl. Das kann man nicht erklären. Man muss es selbst erleben.

Es gelang mir, die Erkenntnisse, die ich durch die Bibel gewann, im Sport anzuwenden. Sie halfen mir, mich immer wieder aufs Neue zu überwinden. Ich wurde süchtig danach, in immer tiefere Ebenen zu gelangen, »neues Land zu erobern«. Eine Art Entdeckungsreise.

Dann war es so weit.

Es stand etwas an.

Etwas für richtige Männer.

MARATHON.

42,195 Kilometer.

Ich muss heute noch schlucken, wenn ich daran zurückdenke. Ich sträubte mich innerlich dagegen.

Schon wieder etwas Neues …

Ich hatte zwar die ganze Zeit hart und konzentriert trainiert, aber an einem Marathon teilnehmen?

Marathon?! Nicht böse sein, aber …

Ich weiß nicht … nein …

Schnell nach rechts abbiegen und verstecken, danach war mir damals. Aber da meldete sich wieder der Big Boss. Oder meine Seele. Oder wie auch immer – das ist eine andere Geschichte. Eine Stimme sagte mir jedenfalls, dass ich da durchmusste. Wie sollte denn eine Weiterentwicklung stattfinden, wenn ich nicht bereit war, mich den Dingen, die sich mir in den Weg stellten, zu stellen?

Es kam mir so weit weg vor. Dass es tatsächlich Menschen gab, die diese 42,195 Kilometer absolvierten und dabei auch noch auf ihre Zeiten schauten. Trotzdem. Ich spürte, ich musste da durch.

Der Marathon fand in Heidelberg statt. Das ist eine Weingegend. Weingegenden sind ja dafür bekannt, dass sie keine Schattenlöcher sind, sondern dass dort den ganzen Tag die Sonne herunterbrennen kann, was die Trauben süß werden lässt. Und den Menschen Schweißperlen auf die Stirn treibt. Es wäre schön gewesen, wenn wir um sieben Uhr früh hätten losstarten können. Aber nein. Warum auch? Lassen wir die Behinderten ein bisschen schwitzen … Der Marathon war um vier Uhr nachmittags angesetzt. Es lebe der Sport! Er ist gesund und macht uns hart! Wenn es sich zumindest um einen Hundert-Meter-Sprint gehandelt hätte, aber das hier waren ganz andere Dimensionen. Eine Wahnsinnsdistanz. Man könnte sagen, mir war ein bisschen schlecht vor Aufregung.

Es hatte 36 Grad Celsius. Ehrlich gesagt hatte ich richtigen

Schiss. Schon allein weil ich mir nicht sicher war, wie man das *überleben* sollte, bei der Hitze. Ich war bis jetzt noch nie 42 Kilometer gefahren. Mir kamen schon die Zehn-Kilometer-Bahnrennen lang vor. Bei längeren Distanzen musste man so vieles beachten. Regelmäßig trinken, regelmäßig essen ... Auch wenn man das gerade nicht will, der Körper und der Kopf sind zwei unterschiedliche Dinge und man muss seinen Kopf oft ignorieren. Die Hitze war eine richtige Strafverschärfung. Außerdem war man bei einem Rennen viel härteren Belastungen ausgesetzt, ganz anders als beim Training. Der Stoffwechsel reagiert natürlich auch auf diese Faktoren und für mich war das alles Neuland. Ich musste einfach die Türe aufmachen und eintreten. Egal, was da kommt. Ich würde sehen und erfahren.

Scheiße, bin ich nervös!

Von Anfang an sollte man viel trinken. Das wurde mir gesagt, aber ich hatte keine Ahnung, was *viel trinken* bedeutete. Ich wusste nicht, dass ich wie eine Kuh saufen sollte. Schließlich ging es los. Wir nahmen unsere vorgegebenen Startplätze ein. Die Schnelleren ganz vorne, die Langsameren weiter hinten. Ich war froh, eher hinten gereiht zu sein. So konnte ich erst mal beobachten, wie das Ganze so ablief. Christoph war ganz vorne. Ebenso Clayton Gerein, ein Kanadier, damals siebenfacher Paralympicssieger in den Langstreckenbewerben. Die meisten anderen Sportler kannte ich zu dieser Zeit noch nicht.

Der Startschuss fiel.

Alle explodierten und zischten weg. Da sah ich, was die Weltspitze so drauf hatte und wie hoch die Latte lag.

Zu hoch für mich.

Da brauche ich gar nicht dran denken.

Ich sagte mir, ich müsste mich auf mein eigenes Rennen konzentrieren. Der Marathon ging über zwei Runden. Jede Stelle würde zweimal passiert werden. Ich fuhr einfach mal drauflos.

Scheiße, ist das geil ... Herrlich!

Ich fuhr mein eigenes Tempo und war glücklich damit.

Zehn Kilometer.

Fünfzehn Kilometer.

Es fühlte sich so an, als würde es ganz okay vorangehen. Ich hatte aber auch gar keinen Vergleich. Ich sah auch nicht auf die Uhr. Ich ließ es einfach passieren. Ich bin ganz naiv an die ganze Sache rangegangen. Schließlich war die erste Runde vorbei. Ein paar Kilometer nach der Startlinie sah ich Clayton Gerein und einen anderen Kanadier am Straßenrand sitzen. Und hecheln.

Huch!

Vielleicht bin ich doch nicht so schlecht.

Gehört das dazu, dass man sich mal ausrastet? Komisch …

Ich fühlte mich kurzfristig richtig gut, aber dann schlich sich das Gefühl ein, dass ich irgendetwas falsch machte. Wieso saß der Olympiasieger am Straßenrand und ich fuhr da noch immer auf meiner Strecke herum? Nach ein paar Kilometern wurde mir schließlich schwarz vor Augen. Ich hatte viel zu wenig gegessen und getrunken. Es war viel zu heiß. Ich hatte meinem Körper nicht genug Material zugeführt, das er dann wiederum in Energie umwandeln konnte. Natürlich versuchte ich sofort so viel wie möglich zu trinken. Ich stopfte mir einen PowerBar rein, den ich schon längst hätte essen sollen. Ich bekam einen richtigen Tunnelblick und mir wurde schwummrig. Mir wurde klar, dass die Kanadier keine Pause gemacht hatten, sondern einfach eingegangen waren in dieser Affenhitze.

Scheiße …

Auf einmal formierten sich in meinem Kopf eine Menge innere Angriffe.

Es ist vorbei.

Sei realistisch und hör auf.

Was willst du weiterhin auf der Strecke, wenn sogar die Kanadier so ausschauen, als ob sie nicht mehr könnten?

NEIN!

Ich wusste, wenn ich jetzt aufgab, dann würde sich meine ursprüngliche Angst, ich könnte diese 42 Kilometer nicht bewältigen, bestätigen. Ich würde viel zu viel Respekt vor weiteren Marathons haben und es niemals schaffen, einen durchzufahren. Ich würde einfach aufgeben, und zwar zum ersten Mal in meinem neuen kämpferischen Leben. Nein, das ging nicht. Ich beschloss im Geiste, dass ich erst dann aufhören würde, meine Arme immer wieder hochzuheben, wenn ich die Ziellinie überquert hatte. Egal wie lange das dauern würde. Ich musste das schaffen. Mir war bewusst, dass mir das Aufgeben einen zu großen psychischen Knacks verschaffen würde. Mit hängendem Kopf und Schwindelgefühlen, aber auch mit dem Glauben daran, es zu schaffen, fuhr ich einfach weiter. Entweder ich würde ohnmächtig werden oder ich würde die Ziellinie überqueren. Andere Möglichkeiten gab es nicht.

Ich wurde nicht ohnmächtig.

Ich überquerte die Ziellinie.

Ich war so fertig, aber auch überwältigt von einem wahnsinnigen Glücksgefühl und mit Stolz erfüllt, dass ich trotz allem durchgehalten hatte. Ich erkannte: Alles wird möglich, wenn man sich ein Ziel in den Kopf setzt und bis zum bitteren Ende durchhält.

Es war mir scheißegal, welche Zeit ich gefahren war. Ich hatte einen Marathon bestritten. Ich hatte einen Heidenrespekt davor. Bei so einem Marathon kann alles passieren, das wurde mir plötzlich bewusst. Von einem Moment auf den anderen kann sich alles ändern. Der Marathon ist im Endeffekt ein komprimiertes Beispiel für das Leben. Man weiß nie, was kommt, aber man muss sich dafür entscheiden, alles für seine Ziele zu geben.

Qualifikation für Sydney

Ich hatte den Heidelberger Marathon mit einer Zeit von zwei Stunden und 39 Minuten absolviert. Das Limit für die Paralympics in Sydney lag bei zwei Stunden und elf Minuten. Es war ein unrealistischer Gedanke, dass ich die Qualifikation schaffen sollte. Komplett unmöglich. Aber genau das ist der Gedanke, den man übersteigen muss. Viele Leute hätten damals gesagt: »Na gut, jetzt trainierst du mal zwei oder drei Jahre und dann wird die Qualifikation schon möglich sein.« Damit hätte ich mich schon im Vorhinein limitiert. Ich wusste aber: »Alles ist möglich, dem, der da glaubt!« Ich wollte den Bogen weit über das Mögliche spannen, ich wollte mir dieses »unrealistische Ziel« setzen. Klar, der Zweifel, dass man das schaffen kann, beruht auf Erfahrung, aber wer sagte mir denn, dass man sich da nicht täuschen konnte? Vielleicht würde es eine Überraschung geben.

Wo soll da der Reiz sein, wenn ich immer das bekomme, was ich realistischerweise erwartet habe? Das ist doch langweilig.

Genau aus diesem Grund halte ich auch nichts davon, dass man sich bei einem Rennen vorstellen soll, wie man durchs Ziel fährt. Dann stellt man sich das vielleicht ganz anders vor und wird enttäuscht. Wenn ich mir dieses Ins-Ziel-Fahren jedes Mal vorgestellt hätte, bevor es so weit war, hätte ich es niemals genießen können. Viele Menschen haben einfach kein Vertrauen, dass sich das Richtige im richtigen Moment schon ergibt und zeigt. Immer will man überall seine Sicherheitsanker setzen, die Sicherheitskrücken mit sich rumschleppen, aber wozu? Oft ist es doch sogar so, dass in einer Situation alles ganz anders kommt, als man es sich vorgestellt hat und man sich scheinbar »darauf vorbereitet« hat. Man sollte eine Situation so hinnehmen können, wie sie eben kommt. Die eine Sache, auf die man sich im Leben wirklich verlassen kann, ist, dass sich immer etwas verändern wird. Und vor diesen Veränderungen sollte man keine Angst haben, weil sie einem immer wieder neues Land eröffnen. Wenn man seine Komfortzone nicht verlassen will, fängt man an zu sterben.

Kindergarten, Anif 1981. Wer hätte sich denken können, was in diesem Spitzbub noch alles drinnen steckt? (Foto: privat)

1. Klasse Volksschule, Anif 1982 (Foto: privat)

Zumindest am Palmsonntag konnte mein Vater mich an der Stange halten: Mein Bruder Erich, mein Vater und ich (Foto: privat)

Die ganze Familie mit dem Pfarrer bei meiner Erstkommunion in Anif, 1983 (Foto: privat)

4. April 1994: Der Tag, der mir das Genick brach (Foto: Lokalzeitung)

Dienstag, 5. April 1994 — LOKAL — Seite 5

Überschlagen

Überschlagen hat sich gestern eine 50jährige Salzburgerin mit ihrem Pkw auf der Tauernautobahn in Kuchl. Die Frau war auf dem rechten Fahrstreifen unterwegs. Plötzlich kollidierte sie seitlich mit einem auf dem linken Fahrstreifen fahrenden Auto. Das Auto überschlug sich und kam auf dem Dach zum Stillstand. Die schwer verletzte Frau mußte mit dem Rettungshubschrauber ins Krankenhaus gebracht werden.

Gegen Schild

Weil er vergessen hatte, den Seitenständer seines Motorrades aufzuklappen, stürzte gestern ein 22jähriger Elektriker auf dem Haunsberg in Nußdorf. Der Motorradfahrer und seine Beifahrerin prallten gegen ein Verkehrszeichen und wurden schwer verletzt.

Kaserne gestürmt

Ein betrunkener 22jähriger Arbeiter raste am Samstag durch die Umzäunung der Schwarzenbergkaserne in Wals-Siezenheim. Der 22jährige und seine beiden Beifahrer hatten schon kurz zuvor versucht, mit ihrem Auto im Bereich des Haupttors in die Kaserne zu gelangen. Das Trio wurde aber von den Wachposten erwischt. Die drei jungen Männer bedrohten und beschimpften den Bundesheerbeamten. Sie wurden angezeigt.

Betriebe sind über die Auftragslage wieder zufriedener

Optimismus bei Industrie

SALZBURG. – Die nach einer langen Phase tiefer Rezession seit Jahresbeginn erkennbaren Anzeichen einer Trendwende finden nun auch in den Ergebnissen der Konjunkturumfrage der Industriellenvereinigung Niederschlag. Vor allem im Export geht es aufwärts.

„Die Resultate sind nicht ungünstig, vor allem was die Entwicklung im Export anlangt", kommentierte der Landesgeschäftsführer der Vereinigung Österreichischer Industrieller (VÖI), Gerhard Heinrich, die jüngste Konjunkturumfrage. Positiv beeinflußt werde das Gesamtbild auch durch die Konsumgüterindustrie.

Insgesamt wurden 53 Betriebe mit 15.7171 Mitarbeitern befragt. Plussalden von 23 Prozent für den Gesamtauftragsbestand und 13 Prozent bei den Auslandsaufträgen signalisieren die Sparten Grundstoffe und Energie. Ein Minussaldo weist hingegen die Investitionsgüterbranche auf, und zwar in der Höhe von zwölf Prozent. Bei den Auslandsaufträgen konnte hier aber ein Plus von 24 Prozent verzeichnet werden.

Drei Zehntel der Betriebe sind nach der Umfrage gut beschäftigt, fast die Hälfte (48 Prozent) bezeichnet die Situation als gleichbleibend. Der Anteil jener Firmen, die den Auftragsstand als „zu gering" bezeichnen, habe sich „immerhin um sechs auf 21 Prozent verringert", so Heinrich. Immerhin rechne nun schon jeder dritte Betrieb mit steigender Produktionstätigkeit.

Detektiv-Kind Mordopfer?

SALZBURG/ZÜRICH. – An einer Überdosis Heroin starb in der Nacht zum Karfreitag in Zürich die 16jährige Tochter von Lucona-Detektiv Dietmar Guggenbichler. Der Obertrumer Detektiv behauptet nun: „Es war Mord!" Es gebe Zeugen, die genau beobachtet hätten, wie seine Tochter von zwei Libanesen gegen eine Mauer gedrückt worden sei. Dann hätte ihr einer eine tödliche Dosis gespritzt. Die Tochter des Detektivs war früher süchtig. Seit einem halben Jahr lebte sie nun in Salzburg und war im Begriff, eine Lehre zu beginnen. Daß seine Tochter selbst wieder zur Spritze gegriffen hätte, hält Guggenbichbichler für ausgeschlossen.

Zwei Schwerverletzte forderte gestern früh ein Verkehrsunfall in Elixhausen. Der 19jährige Rainer R. aus Anif wollte als Lenker eines Heimbringdienstes den 17jährigen Thomas G. nach Anif bringen. Der Lenker schlief ein, das Auto prallte gegen eine Betonmauer. Foto: Wild

Schausberger: Schluß mit den öffentlichen Personaldebatten

SALZBURG. – „Die in jüngster Zeit öffentlich vorgenommenen Nominierungen von Nationalratskandidaten, die zum Teil den Eindruck von Selbstnominierungen wecken, geben in der gewählten Form den anderen politischen Parteien den Vorwand zu Polemiken gegen Landesparteiobmann Dr. Hans Katschthaler". Das stellte gestern ÖVP-Landtagsklubobmann Franz Schausberger zu den Personaldebatten der ÖVP fest.

Alle Kandidaten sollten wieder zu dem vom Landesparteivorstand beschlossenen ‚Nominierungsverfahren zurückkehren. Dieses sei für Kandidaten ohnehin wesentlich weniger aufwendig als jenes zur Landtagswahl. Die ÖVP solle die Chance ergreifen, durch junge, attraktive Kandidaten das Signal einer modernen, offenen Partei zu geben. Alle Diskussionen um eine Nachfolge von Katschthaler als Landeshauptmann von Salzburg sind sofort einzustellen, so Schausberger. „Diese sinnlosen Profilierungsversuche schwächen die Position der ÖVP bei den Verhandlungen zur Regierungsbildung und seien überdies menschlich unfair gegenüber dem Landeshauptmann". Der Landesparteivorstand und der Landtagsklub haben einstimmig beschlossen, daß Katschthaler Landeshauptmann bleibt. Die ÖVP-Landtagsfraktion, deren Mitglieder nach der Landesverfassung die Mitglieder der Landesregierung wählen, werde es nicht zulassen, daß die Position Katschthalers durch Nachfolgedebatten scheibchenweise geschwächt werde. Die ÖVP könne nach dem Er ebnis der Landtagswahl nicht einfach zur Tagesordnung übergehen. Sofort nach Abschluß der Regierungsverhandlungen sei daher dringend eine umfassende Reform der Politik und der Organisation der ÖVP einzuleiten. Derzeit seien nicht fundierte Hüftschuß-Analysen mit dem Versuch von vagen Schuldzuweisungen kontraproduktiv, erklärte Schausberger.

Bauer und Arzt in Nationalrat

SALZBURG. – Einstimmig haben der Landesvorstand des Salzburger Bauernbundes und der Bezirksvorstand im Pongau den Bauernbund-Präsidenten Georg Schwarzenberger wieder als Kandidaten für ein Nationalratsabgeordneten-Mandat vorgeschlagen. Der Bergbauer aus St. Veit ist seit 1982 Nationalratsabgeordneter. Im Landesvorstand des ÖAAB wurde der ÖVP-Gesundheitssprecher Günther Leiner einstimmig als Spitzenkandidat des ÖAAB für die Nationalratswahl nominiert. Der Arzt, der in Bad Hofgastein beheimatet ist, ist seit 1990 Nationalratsabgeordneter.

Meine fatale Erkenntnis: Gras ist nicht nur für Kühe da! (BBRZ, Linz. 1996 oder 1997 – Keine Ahnung! Raum, Zeit und Ort vergessen …) (Foto: privat)

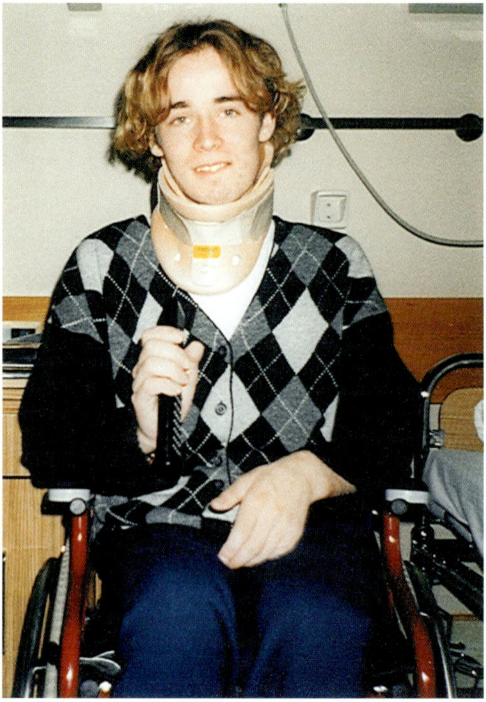

Verzweifelter Versuch, für die Kamera zu lächeln. Ich in meinem verhassten, roten Ferrari, Reha-Zentrum Bad Häring, 1994 (Foto: privat)

Arkin, der mich öfters im BBRZ in Linz besuchte, und ich (Foto: privat)

Mann, war das geil! Gottfried Ferchl und ich in der Kraftkammer des olympischen Dorfes in Sydney, 2000) (Foto: privat)

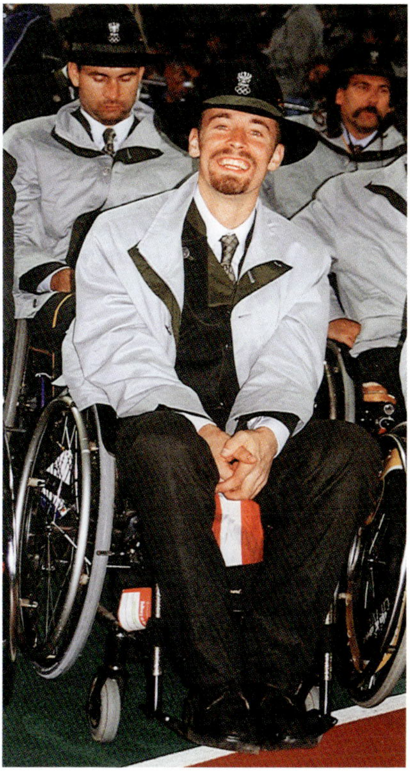

Ach Gott, war ich vom Stolz überwältigt! Eröffnungsfeier in Sydney, 2000 (Foto: privat)

Drei Mal dürfen Sie raten … Falsch, das ist nur ein Köderfisch!
Fischen mit Clayton in Kanada, 2003 (Foto: privat)

Marathon in Mexi … Ach so, nein! In Japan! Kleine Feier in einer $10m^2$ großen Tequilla-Bar nach dem Sieg eines der größten Marathons der Welt, Oita, mit meinem Freund Markus Fischer, called »fish«
(Foto: privat)

Weltmeister werden nicht in Palästen gemacht! Training im Stall, Angesicht zu Angesicht mit dem Stier, 1999/2000 (Foto: privat)

Das war wohl einer der schönsten Momente in meinem Leben: nach der Überreichung der Bronzemedaille vom Marathon in Sydney, 2000 – ausverkauftes Stadion mit über 100 000 Leuten! Zusammen mit meinem neu gewonnen Freund, dem Kanadier Gerein Clayton, und meinem damaligen Trainer, Christoph Etzelstorfer (Foto: privat)

2001, die große Rennserie in Sydney, »summer down under series«: Nicht einmal Löwen konnten mich bändigen. (Foto: privat)

Urlaub in Australien, Cairns, nach den Paralympics: Die Vögel suchten vergebens nach einem Nest. Nix da! Haare weg! Kahlschnitt nach der Medaille – Ein neues Leben soll beginnen. (Foto: privat)

Clayton und ich am CN-Tower in Toronto, 2003:
Ich hatte so viel Schiss, als ich oben auf einer Glasplatte stand und nach unten schaute. (Foto: privat)

800-Meter-Rennen in Athen, 2004: totale Fokussierung auf die Videowall, um zu sehen, was die Gegner hinter mir machen – »Scheiße! Die hängen noch im Windschatten …« (Foto: Franz Baldauf, OEPC)

Rechts: Was soll ich sagen? Jeder Kommentar ist wohl überflüssig. Ziel, Vision erreicht! Zu diesem Zeitpunkt war das der schönste Tag in meinem Leben. Ach Gott, welche Last da von mir fiel! Gold in Athen, 2004, beim 1500-Meter-Rennen (Foto: Franz Baldauf, OEPC)

ATHENS 2004

Olympia-Empfang nach Athen, 2004, in Anif, bei dem ich die Trachtenmusikkapelle dirigierte. Mit meiner stolzen Mutter und meinem Bruder Erich, der Schlagzeug spielte (Foto: privat)

Rock'n'roll!
2004 wurde ich zum österreichischen Behindertensportler des Jahres gewählt. Andrea Sherney gewann bei den Frauen. (Foto: privat)

Clayton und ich bei einer Cola nach einem anstrengenden Rennwochenende (Foto: privat)

Hier realisierte und genoss ich, was geschehen war. Marathon-Gold bei den Paralympics in Peking mit Weltrekord! Das gefüllte Stadion war überwältigend.(Foto: Franz Baldauf, OEPC)

»Danke, Gott, dass ich das erleben darf!«: In diesem Moment wusste ich, welche Kraft aus dem Glauben entstehen kann. Nämlich Gold beim Marathon in Peking, 2008. Ach ja, und zwar mit Weltrekord …
(Foto: Franz Baldauf, OEPC)

Rechts: Von da an hatte ich keinen Druck mehr. Bronze beim 800-Meter-Rennen in Peking, 2008(Foto: Franz Baldauf, OEPC)

Giro
adidas
AUSTRIA

Meine erste Medaille in Peking! Ich war im Himmel. Ich dachte nämlich, dass das die letzte wäre. Was da noch alles kommen sollte, hätte ich nie zu träumen gewagt …
(Foto: Franz Baldauf, OEPC)

Und wenn man »glaubt«, dass etwas schiefgehen wird, dann kann man doch auch genauso gut »glauben«, dass etwas gelingen wird. Dass das Gute kommen und sich zeigen wird. Das ist jedenfalls meine Philosophie. Wenn du in einem riesigen, dunklen Saal stehst, wo es nur eine Tür gibt, die du nicht sehen kannst, dann kannst du dich entweder damit zufriedengeben, dass du diese Tür nicht finden wirst, oder du läufst einfach drauflos. Ja, vielleicht läufst du gegen eine Mauer. Aber vielleicht erwischst du auch diese Tür!

Es gibt immer eine Lösung. Immer. Man muss nur darauf vertrauen.

Jede noch so kleine Chance ist eine Chance. Auch wenn es unrealistisch scheint, einen Weg gibt es immer. Ich vertraue darauf, dass etwas funktionieren wird. Darauf richte ich meinen Fokus. Man kann durch den Glauben immer nur gewinnen. Es geht darum, die äußeren Umstände auszublenden. Ein Seiltänzer kann am Boden ohne Probleme über sein Seil laufen, ganz gerade. Dann hängt das Seil in der Luft und auf einmal lässt er sich von der Höhe abschrecken. Er lässt sich von den äußeren Umständen abschrecken. Wenn man lernt, sich davon nicht beeindrucken zu lassen, und sich einfach auf sein Ziel konzentriert, dann ist man wahrhaftig und wird das erreichen, was für einen bestimmt ist.

Jetzt habe ich den Marathon geschafft.

Das ist alles so schnell gegangen …

Ich beschloss damals, wie es sich für einen guten Sportler gehört, brav mein Hirn auszuschalten und auf meine nächsten Instruktionen zu warten. Ich hatte einen Wahnsinnsrespekt vor den Marathons, aber nach meiner Leistung in Heidelberg wusste ich, dass es Schwachsinn gewesen wäre, jetzt mit dem Trainieren aufzuhören. Als Nächstes kam der Rotterdam-Marathon dran. Für den habe ich eine neue mentale Taktik angewandt. In Heidelberg hatte ich einfach nur voll reingehauen, war blind drauflosgestartet und hatte alle Kraft, die ich noch hatte, ins Fahren hineingesteckt.

Jetzt machst du's anders. Das sind drei Runden, also zerleg den Marathon in deinem Kopf auch in drei Etappen. Dann kannst du in jeder einzelnen Runde alles geben und bist nicht vom Gesamtbild abgelenkt …

Ich wusste, dass das der richtige Weg war. Ich hatte schon wieder eine neue geistige Ebene erreicht, eine neue Erkenntnis gewonnen.

Wahnsinn ...

Ich schaffte den Rotterdam-Marathon in einer Zeit von zwei Stunden und vierzehn Minuten.

Wahnsinn! Scheiße!

Es hat mir irgendwie ein bisschen Angst gemacht. Jetzt war ich schon so knapp am Limit dran, alles ging so schnell. Aber auf der anderen Seite wusste ich: So arbeitet Gott! Er zeigt mir, wo ich hin soll. Das Limit war schon in greifbarer Nähe und niemand hätte das für realistisch gehalten.

Als Nächstes stand der Berlin-Marathon an.

Ich fuhr diesen Marathon im totalen Glauben, ich spürte die ganze Zeit eine irre intensive Verbindung zu Gott, ich ließ keinen einzigen negativen Gedanken zu. Ich dachte mir, egal was passiert, am Ende bekomme ich meine Rechnung schon präsentiert. Also wollte ich meine Energie auf die positiven Gedanken richten und alle äußeren Umstände, die mir sagten, wie unrealistisch das alles ist, ausblenden.

Ich fuhr eine Zeit von zwei Stunden, zehn Minuten und 34 Sekunden.

Wahnsinn, das gibt's nicht!!

Ich war so aufgeregt. Ich fragte Christoph: »Und? Und? Darf ich jetzt mitfahren? Hab ich's geschafft?« Er bremste mich. »Nein, nein, du musst das Limit noch ein paarmal bestätigen. So leicht geht das leider nicht.« Ich war wie in einem Strudel.

Jetzt trainiere ich noch mehr, als der Christoph mir aufgeschrieben hat ...

Jetzt glaube ich alles!

Ich bekam eine klare Vision, die mir sagte, wie es mit dem Training weitergehen sollte. Ich zerstückelte meine Trainingszeit in vier Einheiten à dreißig Minuten, so konnte ich das Maximum herausholen. Meine Mutter kümmerte sich in dieser Zeit sehr um die Bewirtschaftung des Bauernhofs, den sie nach dem Tod meines Vaters weiter erhalten wollte. Ich machte zu dieser Zeit eine Ausbildung in Salzburg. Wenn ich zu Hause war, wollte ich aber trainieren.

Immer mehr ... Immer mehr ...

Es gab genau zwei Räume bei uns, die gut geheizt waren. Zum einen die Stube, zum anderen der Stall. Und da ich mich mit meinem dreckigen Rollstuhl schlecht in die Stube setzen konnte, um zu trainieren, ging ich eben in den Stall. Und dort saß ich dann von Angesicht zu Angesicht den Stieren gegenüber, während ich trainierte wie ein Irrer.

Immer mehr ... Immer mehr ...

Meine Mutter mistete währenddessen oft den Stall aus und ich muss sagen, dass das irgendwie eine tolle Zeit für uns gewesen ist. Wir mit unserer komischen neuen Routine. Da hat es so viele tiefe Gespräche gegeben. Und auch für meinen Geist war diese Zeit total wichtig. Ich habe so viel gelernt! Ich konnte die Bibel aktiv im Kopf anwenden. Immer wenn ich zu einem gewissen Punkt kam, den ich vorher für die Decke, also den obersten Punkt, gehalten hatte, kletterte ich darüber hinaus und plötzlich war diese Decke wieder ein neuer Boden.

Wieder neues Land.

Man versteht dann, dass man immer wieder in neue mentale und körperliche Sphären kommen kann, dass man immer wieder an einen Punkt kommen kann, von dem man vorher gedacht hat, der ist unendlich weit weg. Diese Philosophie konnte ich für mich nutzen. Es ging mir so gut. Ich war so glücklich, so erfüllt. Das hat mir alles so viel Spaß gemacht. Wenn dann zum Beispiel das Lactat in den Körper einschoss und ich das durch mentale Stärke ignorieren konnte. Ich machte einfach weiter.

Das Lactat schickt dir »der Teufel«, »das Böse«. Und du ignorierst das jetzt. Du steigst über diese äußere Grenze einfach drüber ...

Ich erweiterte meine Grenzen. Es war hart und tat oft richtig weh, aber ich wollte das so. Ich wollte mich einfach so weit schinden, bis mir mein Körper die Grenzen aufzeigte. Jeder Mensch sieht seine Grenzen und die Zeichen dafür unterschiedlich. Ich hatte für mich beschlossen, meine Grenze dort zu sehen, wo mein Körper sich abschaltete, also wenn ich ohnmächtig wurde. Solange ich nicht ohnmächtig wurde, konnte mein Hirn noch arbeiten und ich konnte mich bewusst weiterpushen. Solange ich meine Grenzen noch bewusst wahrnehmen und bewusst überschreiten konnte, war ich einfach noch nicht an meiner wahrhaftigen Grenze angelangt. Klar, das Training war hart und oft genug standen mir schon die Tränen in den Augen vor lauter Schmerzen, aber keine konnte mir sagen, ich hätte alles gegeben, bevor mein Körper nicht total schlappmachte und sich von selbst abschaltete. Ich spannte ein Seil zu meinem Ziel und an dem zog ich mich hinauf, ließ den ganzen Dreck hinter mir. Sonst würde ich mich von scheinbaren Problemen verschütten lassen. Mein Geist gab mir vor, wo ich hin sollte, und der Körper folgte nach. Man kann das am besten so ausdrücken: Mein Geist wurde Materie …

Im Frühjahr 2000 fanden dann die Bahnmeetings in der Schweiz statt.

Ich fuhr das Limit auf 1500 Meter.

Ich fuhr das Limit beim Marathon.

»Ja, jetzt ist alles klar«, sagte Christoph, »du kommst mit nach Sydney.«

Oh Gott, ist das geil. Ich hab mich wirklich qualifiziert …

Sydney 2000

Es war einfach unglaublich, dass das die Realität war. Nach so kurzer Zeit. Ich würde an den Paralympics teilnehmen. Realistisch gesehen ein Ding der Unmöglichkeit. Dieses Thema hatten wir ja schon …

Ich war hoch motiviert und naiv wie ein kleines Kind, als wir nach Sydney flogen. Natürlich nervös bis zum Gehtnichtmehr, aber gleichzeitig auch wahnsinnig aufgeregt. Ich war schon positiv gestimmt, aber gleichzeitig war auch alles so groß. Der kleine Bauernbub aus Anif fliegt nach Sydney. Wow … Ich war total von meinen Gefühlen überwältigt und hatte regelmäßiges Bauchweh, aber mein Glaube half mir dabei, nicht durchzudrehen. Ich spürte auch, wie viel innerlichem Druck ich ausgesetzt war. Ich hatte mich gerade mal qualifizieren können und jetzt sollte ich gegen die ganz Großen fahren. Gegen die *Überchecker*. Gegen diese Sportler, die schon echte Großtaten geleistet hatten. Ich hatte Angst. Aber ich konnte diese Angst auch als Probe sehen, der ich mich stellen sollte. Eine Probe, mich einer gewaltigen Situation zu stellen und sie im Glauben zu bewältigen. Ich hatte meine Bestimmung gefunden. Das war es, was ich machen wollte und sollte, egal wie überwältigt und eingeschüchtert ich mich fühlte.

Schon der Flug nach Sydney war ein unglaubliches Erlebnis. Ich sah den Sonnenaufgang und war vollkommen erfüllt mit Freude und Angst und Stolz und hundert verschiedenen anderen Gefühlen. Als wir ankamen, war schon überall das Fernsehen, überall Busse, so viele verschiedene Nationen. Gleichgesinnte. Lauter behinderte Menschen, aber so richtig gut drauf, so motiviert, wie ich mich auch fühlte. Das waren Menschen, die wie ich schon durch den Prozess gegangen waren, ihren Körper zu akzeptieren, wie er jetzt eben war, und nun ihre große Aufgabe im Leistungssport sahen. Ich spürte den Jetlag, spürte, dass das jetzt *die große weite Welt* war. Ich begann wie die anderen schön langsam vor Ort zu trainieren und steigerte das Training kontinuierlich. Gleich beim ersten Rennen, dem 5000-Meter-Rennen, sah ich auch schon, wo der Hammer hing. Ich fuhr voll weg, steigerte mich gleich richtig rein, fuhr schon am Anfang ganz vorne mit. Aber da bekam ich zu spüren, was die Profis so draufhatten.

Wow, da geht g'scheit die Post ab …

Bald kam ich nicht mehr mit.

Okay. Das musst du jetzt einsehen: Die sind viel besser als du. Das musst du akzeptieren.

NEIN. So redet Satan. So versucht er dich zum Aufgeben zu bewegen. Ich gab mein Bestes und versuchte die negativen Gedanken so gut wie möglich auszuschalten. Aber ich war trotzdem zu sehr von den äußeren Umständen beeindruckt. Im Stadium saßen circa 40 000 Menschen, ganze Schulen waren da reingekarrt worden und von überallher hörte ich das Kindergeschrei. Ich versuchte, richtig reinzuhauen, aber die äußeren Umstände setzten mir ziemlich zu. Ich machte keine Medaille. Auch nicht beim 1500-Meter-Rennen. Aber ich wusste ganz genau, wo der Fehler lag …

Mach doch einfach das, was du sonst auch immer machst. Spann den Bogen ganz hoch hinauf, um das Maximum an Energie freizusetzen. Besinne dich auf Gott. Bleib in dir selbst drin.

Ich hatte meine mentale Einstellung wiedergefunden.

Jetzt gewinne ich Gold …

Jetzt war der Marathon dran. Die Umstände waren ähnlich wie damals in Heidelberg: Affenhitze. Ich erinnere mich noch, dass meine damalige Freundin mir einen Glücksbringer geschenkt hatte. Eine Sonnenblume mit einem Marienkäfer drauf. Der passte genau auf den Zapfen einer Stange am Rollstuhl. Ich fühlte mich wieder eins mit mir selbst. Der Startschuss fiel. Sofort setzte sich eine Zehnergruppe an der Spitze ab und das war natürlich eine große Herausforderung für mich.

Ich muss die Gruppe irgendwie erwischen … Da muss ich rein …

Es war mir total egal, ob ich jetzt ohnmächtig werden würde oder nicht, ich gab einfach alles. Ich schaffte es, in die Gruppe hineinzukommen.

Geil … Jetzt fährst du bei den Großen mit …

Das Tempo war irre. Ich konnte zwar dadurch, dass ich

im Windschatten mitfuhr, drei oder vier km/h zulegen, aber es war trotzdem unglaublich hart, da mitzuhalten. Dann sah ich schon die Brücke, die zur Strecke dazugehörte. Ich fuhr mit ganzer Kraft. Jetzt waren nur noch Christoph und der Kanadier Clayton Gerein vor mir, aber die setzten sich dafür ziemlich schnell ziemlich weit von mir ab. Ich kam mir plötzlich richtig stehen gelassen vor.

Jetzt ist es vorbei. Jetzt weißt du, wie das ist, bei den Großen mitzufahren. Das ist eine andere Liga.

Aber dann drehte ich mich kurz um. Auch wenn man das ja eigentlich nicht machen sollte.

Da ist keine Sau hinter mir!

Ich hatte mir einen Vorsprung von fast zwanzig Metern verschafft. Noch nie in meinem Leben war ich im Marathon an dritter Stelle gefahren, noch dazu mit einem solchen Vorsprung. Und das hier waren die Paralympics, verdammt!

Scheiß drauf.

Fahr um dein Leben!!

Mein neues Ziel war es jetzt, vor den anderen, die hinter mir waren, zu flüchten. Christoph und Clayton Gerein hatten sich zwar abgesetzt, aber für mich galt es jetzt, meinen Vorsprung auszubauen und einfach alles zu geben, wie ein Irrer draufloszufahren.

Wenn du in der nächsten Kurve bist, kannst du schon so einen großen Vorsprung haben, dass dich die anderen gar nicht mehr sehen …

Das war mein eigenes und neues von Gott gegebenes Ziel in diesem Marathon. Ich wollte den anderen einen psychologischen Knacks versetzen. Wenn die mich nicht einmal mehr sehen konnten … Ich kam in die Kurve und drehte mich wieder um. Ich hatte es geschafft. Weit und breit keine Seele hinter mir!

Das gibt's nicht. Das kann doch nicht so einfach sein …

Die merkwürdigsten Gedanken kamen in mir hoch.

Jetzt bricht dir sicher gleich der Rahmen … Oder du bekommst einen Patschen … Das kann doch nicht so einfach sein! Da muss doch noch irgendeine Katastrophe passieren!

Ich gab alles, einfach alles. Nach vierzig Kilometern konnte ich schon das Stadion sehen.

Wahnsinn, Wahnsinn, Wahnsinn …

Ich fuhr in die Katakomben hinein. Auch da dachte ich wieder: »Das kann nicht so einfach sein. Gleich fahre ich gegen einen Pfosten …« Aber es lief alles glatt.

Ich fuhr ins Stadion hinein.

Im Stadion saßen ungefähr 60 000 Menschen.

60 000 Menschen, die aus vollem Hals schrien und anfeuerten.

Ich musste noch eine Runde im Stadion fahren, bevor ich ins Ziel kam. Ich sah mich selbst auf dem riesigen Bildschirm. »And now, Thomas Geierspichler from Austria … bronze medal!« Ich hörte ein paar Österreicher, die von der Tribüne herunterriefen, und ich konnte die Tränen nicht mehr zurückhalten. Ich genoss diese letzte Runde so sehr.

Danke, Gott! Danke, dass ich das erleben darf …

Ich fuhr durchs Ziel.

Christoph und Clayton Gerein saßen schon da. Christoph deutete mir, dass er den zweiten Platz gemacht hatte. Ich konnte das alles gar nicht fassen. Ich war überhaupt nicht traurig, dass ich »nur« die Bronzemedaille gemacht hatte, sondern spürte, wie pure Freude durch mich strömte, so viel positive Energie. Ich fühlte, wie sehr ich in Gottes Bestimmung aufging.

Vor der Siegerehrung und Abschiedsfeier hatten wir Zeit, uns zu duschen und herzurichten. Wir wurden überall hingefahren und abgeholt. Als ich dann wieder mit Christoph und Clayton Gerein in den Katakomben saß und darauf wartete, dass die Hebetribüne uns ins Stadion heben würde, war ich so unglaublich glücklich. Ich erinnere mich auch, dass ich damals meinen ersten richtigen Kontakt zu Clayton Gerein hatte, der später zu einem meiner besten und engsten Freunde werden sollte. Er und die anderen Kanadier hatten nach dem Marathon schon ein wenig vorgefeiert. Als wir nun zu dritt da unten saßen und warteten, wollte ich ein Gespräch anfangen. Clayton hatte eine kleine 0,5-Liter-Flasche mit einer dunkelbraunen Flüssigkeit in der Hand. Ich fragte ihn: »Clayton, what are you drinking?« Er grinste und warf einen Blick aufs Ettikett. »It's pure Mount Frankling water.« In Wirklichkeit war das in seiner Flasche Cola mit Whiskey. Hier war noch jemand in Feierlaune!

Dann wurden wir nach oben gehoben.

Da checkte ich erst, was gerade abging.

Das Stadion war komplett ausverkauft! Ungefähr 100 000 Leute waren da. Ich war total überwältigt, als ich meine Medaille bekam, und als dann die kanadische Bundeshymne für Clayton gespielt wurde, konnte ich meine Tränen nicht zurückhalten. Gleichzeitig lachte ich aber auch aus vollem Hals, so viele Emotionen rauschten gleichzeitig durch mich durch. Ich sah das olympische Feuer und hörte die kanadische Hymne und hatte dabei das Gefühl, als würde die Hymne für mich gespielt. Und da hatte ich eine neue Vision.

Ich will die österreichische Bundeshymne für mich spielen hören.

Das war nicht so, dass ich sofort eine Liste im Kopf hatte, was ich alles machen musste, um dieses Ziel zu erreichen. Es war ja auch kein Ziel, das ich mir gerade bewusst gesetzt hatte, sondern wirklich eine von Gott gegebene Vision, die ich in mir aufsteigen spürte. Ich war anscheinend reif genug, dass sich dieser Gedanke in meinem Geist manifestieren konnte.

Das wollte ich.

Genau das.

Meine neue Vision

Wie sollte es jetzt weitergehen? Ich wusste nun, dass meine neue Vision darin bestand, die Bundeshymne für mich spielen zu hören. Zu dieser Zeit war Christoph Etzlstorfer noch mein Trainer, aber das Blöde an der Sache war, dass er nun auch mein Gegner war. Auch er wollte ja die Hymne für sich spielen hören. Und da spürte ich sozusagen eine gewisse Disbalance in der geistigen Welt. Wie sollte das funktionieren?

Na ja, bis zu den nächsten Olympischen Spielen ist ja noch ein bisschen Zeit ...

Ich machte neben meinem normalen Training auch noch Krafttraining und Physiotherapie im Olympiazentrum Salzburg-Rif. Eines Tages ergab es sich, dass mein Therapeut mir von einem Leistungssportbetreuungszentrum erzählte, das dort in Planung war. Trainingssteuerung, Physiotherapie, Krafttraining, all das sollte dann quasi aus einer Hand kommen.

Wow, das hört sich geil an ...

Aber das Problem an der Sache war, dass ich Christoph nicht enttäuschen wollte. Er hatte mich schließlich trainingstechnisch »großgezogen«. Aber trotzdem war es spürbar, dass wir immer mehr zu Konkurrenten wurden. Ich wusste, dass das für meine Entwicklung nicht förderlich war. Ich wollte ihn nicht verletzen. Das war wirklich nicht leicht für mich.

Ich hörte mir das Konzept genau an und ließ es dann anschließend zu Hause auf mich wirken. Ich ließ einige Tage verstreichen und spürte dabei immer deutlicher, dass das der nächste Schritt sein würde. Ich musste aus meiner Komfortzone raus. Das Alte musste ein Ende haben und etwas Neues sollte beginnen. Das spürte ich ganz genau.

Beim L.A.-Marathon erzählte ich Christoph schließlich von meinen Plänen. Mir pochte das Herz. Das war so eine unangenehme Situation. Es tat mir wirklich leid. Aber es musste sein. Das war der richtige Weg. Und ich freute mich auch gleichzeitig schon auf die neue Erfahrung.

Walter Gfrerer

Nun ja, wie gesagt: Ich hatte in den Vorschlag, von nun an im Leistungssportzentrum zu trainieren, eingewilligt.

Ja, probieren wir's. Scheiß der Hund drauf ...

Gespräche folgten und dann wurde ich dem sportlichen Leiter vorgestellt, der später mein Trainer werden sollte: Walter. Walter Gfrerer.

Ach, der Walter. Von dem kann ich nur schwärmen. Von Anfang an war das für mich ein Mensch, bei dem ich mich wohlfühlte. Der hatte so eine Ruhe. So eine Ausstrahlung. Da ich es von den meisten Trainern und Sportlern gewohnt war, dass da eine »Mehr-Schein-als-Sein«-Einstellung herrschte, war ich mir zuerst nicht sicher, ob er nicht vielleicht *zu ruhig* war. Aber es passte von Anfang an. Wir redeten in seinem Büro miteinander und er sagte mir, dass er noch nie einen Rollstuhlfahrer trainiert hatte, sondern mehrere Ausdauersportler und Mountainbiker auf Weltcupniveau, dass er aber keinen Grund sah, warum das nicht funktionieren sollte. Und dass es für ihn keinen Grund gab, ein »Behindertenprogramm« einzurichten, sondern dass ich genauso viel trainieren sollte wie ein Marathonläufer. Er meinte, wir würden diese Anforderungen vom Weltcupniveau auf den Behindertensport anpassen müssen, nachdem wir die Anforderung meiner Sportart genau analysiert hatten. Dafür würde ich mich aber wahrscheinlich gleich dazu entscheiden müssen, wie ein Profi zu trainieren, weil wir das mit einmal Training pro Tag nicht erreichen würden. Auch systematische Trainingssteuerung würde dafür notwendig sein. Ich musste mich entscheiden, der erste Profi im Behindertensport in ganz Österreich zu werden.

Wir schafften mein Ergometer nach Rif. In die Leichtathletikhalle. Außerhalb der Kurve, da war Platz. Dort standen noch einige Radergometer für andere Sportler, die mit mir angefangen hatten, dort zu trainieren. Es folgten eine Menge Tests. Walter musste wissen, was ich draufhatte. So eine Art »Standortbestimmung«, damit er wusste, wo er ansetzen sollte.

Waaah … Alles so anders als vorher … so professionell.

Wir redeten viel. Walter interessierte es immer, was ich fühlte. Wie es mir ging, also körperlich. Er brauchte immer eine Rückmeldung. Darum wurde auch eine engmaschige Trainingssteuerung betrieben, bei der mir immer ein Tropfen Blut von meinem Ohr abgenommen wurde, um zu sehen, wie das Training anschlug und ob ich es vertrug. Das Geile an der Sache war, dass jetzt immer jemand da war und mich sehen konnte und bei dem ich immer sofort eine Rückmeldung deponieren konnte, wie das Training funktionierte. Um gleich direkt auf das Trainingsprogramm reagieren zu können. Und jeden Tag machte Walter mit mir Tests, um zu sehen, ob alles so hinhaute, wie er das in seinem Kopf geplant hatte. Es schlug von Anfang an an. Das Training wurde ständig gesteigert. Nun trainierte ich zweimal am Tag, auch vormittags. Es war ein intensives Serientraining, das aber gesteuert wurde, nur so war eine optimale Anpassung an mein momentanes Niveau möglich. Am Nachmittag folgte dann eine Grundlagenausdauereinheit. Und zweimal pro Woche machte ich Krafttraining, damit meine Spaghetti-Arme brauchbarer würden.

Wow, das ging rein. Und es tat auch weh. Aber es war richtig geil, so ganz intensiv zu trainieren. Ich kam jeden Tag an meine Grenzbereiche und lernte, trotzdem nicht aufzugeben und immer weiterzumachen. Das stärkte mich so. Nicht nur geistig. Körperlich wurde ich immer besser und besser. Das Geniale daran war, dass alles zusammenhing. Dass alles eins war. Dass das Körperliche und das Geistige so stark zusammenhingen. Das Körperliche nahm auf das Geistige Einfluss und das Geistige auf das Körperliche ebenso. Das war nicht so wie damals, als ich mit Christoph trainiert hatte. Jetzt hatte ich jeden Tag einen intensiven Kontakt zu einer Person, meinem Trainer. Ich fühlte auf einmal klarer, was genau ich da machte. Es war so gut, dass mein Training immer bewertet wurde und mir somit gleich wieder Aufschluss für den nächsten Schritt gegeben wurde. Es war alles so komprimiert, und zwar jeden Tag. Wir trainierten echt hart und Walter hatte so eine Art an sich, dass er einerseits große Ruhe und Gelassenheit ausstrahlte und gleichzeitig immer auf das Ziel fokussiert blieb. Und da fühlte ich mich zu Hause. Denn ich war genauso. Er strahlte etwas aus, was mir auf einer menschlichen Ebene sehr naheging. Und gleichzeitig traf er aber auch auf dieser körperlichen Ebene den Nagel auf den Kopf und ich konnte mich sportlich immer weiter und weiter entwickeln. Er verstand es, mir Aufgaben zu geben, die mich immer fast kaputt machen konnten, aber er dosierte sie so, dass sie meinen Körper und meinen Geist genau im richtigen Maß herausforderten. Ich musste sie überwinden, damit eine stetige Weiterentwicklung stattfinden konnte. Und er konnte diese Einstellung mit einfachem Augenkontakt oder Worten, die nie arrogant waren, in mir freisetzen.

Er hatte einfach diese Gabe, einen Sportler nicht von oben herab zu belehren, sondern seine Stärken zu fördern und ihn mit seinem ganzen Vermögen emporzuheben. Wie bei einer Räuberleiter. Er wusste, was nötig war, um das Maximum aus jemandem herauszuholen und sich dabei *unten*, also demütig, einzuordnen. Man kam mit ihm gemeinsam ans optimale Ziel. Man konnte sich auf seine Schultern stellen, um noch höher hinaufzusteigen, als es allein möglich wäre.

Ach, das war einfach nur ein Hochgefühl, sich jeden Tag auf der Messerschneide zu befinden und sich immer wieder neu zu überwinden. Da machte das harte Training richtig *Spaß*. Da wurde ich noch mehr zum Mann. Ich wurde geistig total gefordert. Was wiederum eine positive Wechselwirkung zum Glauben schuf. Ich hatte jeden Tag die Möglichkeit, meinen Glauben zu stärken und direkt anzuwenden. Mich jeden Tag im Glauben zu üben, und das wiederum hatte natürlich Auswirkungen auf meine sportliche Leistung.

Wie geil ist das denn …

Ich freute mich einfach ständig aufs Trainieren. Es wurde zu meinem Leben. Rennrollstuhlfahren war zu meinem Leben geworden. Marathon war zu meinem Leben geworden. Immer öfter hörte ich einen Satz, der in mir aufkeimte:

ICH BIN MARATHON …

Erste Weltrekorde

Nach weiterem, hartem Training war es bald so weit. Wir fuhren in die Schweiz, nach Rapperswil-Jona am Zürichsee. Es war wunderschön dort. Drei Wochen zuvor hatte ich mir von Sepp Loisinger, dem Vizepräsidenten vom ABSV und Weltelitefahrer bis Atlanta 1996, einen Rennrollstuhl ausgeliehen. Früher war ich immer im Rennrollstuhl *gesessen*, mittlerweile machte ich es aber den meisten anderen schnellen Rollstuhlfahrern gleich und *kniete* darin. Nach nur einer Woche Training hatte ich schon gemerkt, wie ich in dieser Position immer schneller wurde. Das machte mir so eine große Freude, dass der Kick gleich noch größer wurde. Die Bahnen in der Schweiz sind dafür bekannt, dass sie ziemlich schnell sind. Das liegt am Belag, den nennt man Mondo-Belag. Der andere gängige Belag ist der Tartan-Belag, der im Prinzip aus Kunststoffgranulat besteht und ähnlich wie beim Asphaltieren über die Bahn gezogen wird und etwas billiger und auch weicher ist. Das ist vor allem für die Läufer gut, weil die Gelenke dadurch geschont werden. Das kann uns Rollstuhlfahrern allerdings egal sein.

Der Mondo-Belag wird wie ein Teppich verlegt. Wobei er Gott sei Dank mit einem Teppich wenig zu tun hat, weil Rollstuhlfahrer Teppiche hassen, der bremst einen total und die Vorderräder sinken ein. Man kommt sich dann vor, als würde man auf einer Wiese fahren. Da flippe ich jedes Mal aus. Jedenfalls wird der Mondo-Belag in den meisten Olympiastadien verwendet, und er ist so konzipiert, dass man darauf irrsinnig schnell ist. Als würde man auf Asphalt fahren. Man hat keinen Rollwiderstand und erzeugt ein richtig geiles Gefühl: Als würde man fliegen …

Die Bahn in Rapperswil-Jona war also mit so einem Belag ausgestattet. An diesem Wochenende standen 800-, 1500-, 5000- und 10 000-Meter-Rennen an. Walter hatte mich gut vorbereitet und ich freute mich schon darauf, in die Schweiz zu fahren. Das war ein geiles Gefühl, selbstbestimmt im eigenen Auto in die große weite Welt zu fahren. Na gut, die Schweiz ist jetzt von Österreich aus gesehen nicht unbedingt die *große weite Welt*, aber trotzdem! Ich mag auch die Leute in der Schweiz echt gerne. Es war ein wunderschönes Wochenende. Die Sonne brannte herunter und ich hatte mich ja mittlerweile schon mit der Hitze angefreundet, nahm sie als Energie wahr, die ich nutzen konnte.

Beim ersten Rennen ging es gleich voll zur Sache. Im Gegensatz zu Sydney war ich aber diesmal schon in der Lage, mich gleich im Führungsfeld zu positionieren. Das war eine neue Situation für mich, mit der Weltelite mitzufahren. Ein komisches Gefühl. Ich wartete wieder darauf, dass jeden Moment irgendetwas schiefgehen würde. Aber beim 800- und beim 1500-Meter-Rennen war ich voll dabei.

Scheiße ... Komisch ... Da merkt man echt, dass sich was bei mir getan hat ...

Ich war bei der Weltelite mittendrin.

Der letzte Bewerb war am Samstag. Das 5000-Meter-Rennen. Das sind insgesamt zwölfeinhalb Bahnrunden. Da ging die Post voll ab, aber ich war immer vorne dabei. Die Rundenzeiten waren super und das Rennen ging extrem schnell voran. Trotzdem fühlte ich mich nie so, als würde ich gleich wegbrechen. Die Runden vergingen.

Runde acht.

Runde neun.

Pass einfach auf und bleib im Windschatten.

Dann hörte ich den Gong. Wir waren in der letzten Runde. Ich war irgendwie aufgeregt, die Nervosität stieg etwas an, aber ich hielt den Fokus trotzdem auf das Wesentliche. In dem Moment ist das wie ein aus dem Unterbewusstsein resultierender Überlebensdrang, dass man den Fokus nicht verlieren will.

Dann kamen die letzten hundert Meter. Zielsprint. Die Athleten gaben alle Gas und fuhren auf Anschlag, fuhren nicht mehr hintereinander, sondern nebeneinander. Ich gab alles. Und siegte.

Wie geil ist das denn?!

Das war ja schon unglaublich genug, aber dann hörte ich auch noch den Stadionsprecher rufen: »Sensationell! Sieg für den Österreicher Thomas Geierspichler mit sensationellem Weltrekord – um sieben Sekunden unterboten ...«

Geh, leck.

Keine Sau hatte mich bis jetzt wirklich gekannt und plötzlich war ich neuer Weltrekordhalter, und zwar nicht bei einer mickrigen Distanz, sondern über 5000 Meter. Und das Geilste daran war: Clayton Gerein war damals Weltrekordhalter gewesen. Der Clayton Gerein, der in Sydney den Marathon gewonnen hatte. Das war mir schon ziemlich unheimlich. Aber ich freute mich riesig und konnte mein Glück kaum fassen.

Am nächsten Tag stand dann das 10 000-Meter-Rennen an. Ich war richtig locker. Ich spürte keinen Druck, sondern wollte einfach mal sehen, was passiert. Trotzdem hatte ich natürlich im Hinterkopf, dass der 10 000er schon eine Herausforderung war. Immerhin drehte man da 25 Runden.

Der Startschuss fiel, und obwohl ich natürlich ein richtig gutes Rennen fahren wollte, beschloss ich, einfach nur Kilometer für Kilometer zu denken. Ich behielt den Überblick, und durch diese Strategie konnte ich das Maximum aus mir herausholen. So legte ich das Ganze an und es ging dahin.

Zwei Kilometer.

Drei Kilometer.

Vier Kilometer.

Erst nach fünf Kilometern nahm ich den Stadionsprecher wieder wahr.

»Das sieht wieder ganz gut aus! Jetzt sind fünf Kilometer zurückgelegt und wenn man die Durchgangszeit hernimmt und die Zeit vom 10 000er-Weltrekord halbiert, unterbietet er den aktuellen Weltrekord um fünfzehn Sekunden …«

Wow …

Das konnte ich wieder beinahe nicht fassen. Ich fühlte mich richtig gut und flog dahin, zwischendurch war ich immer wieder auf Weltrekordkurs.

Ist das überhaupt möglich? Der Weltrekord ist doch vom Christoph aufgestellt worden. Der ist Langstreckenspezialist.

Aber es fühlte sich so leicht an. Heute weiß ich, dass ich damals in einem der schönsten und idealsten Zustände war, die man im Sport erleben kann. Das ist ein Zustand, bei dem Leistung und Gefühl im Einklang sind, man ist wie in einem Trancezustand. Ich fuhr und fuhr. Nach jedem Kilometer hörte ich den Stadionsprecher: »Das sieht sehr gut aus ... Vorsprung weiter ausgebaut ...« Ich nahm nichts mehr um mich herum wahr, war nur im Zustand des Fahrens. Ich war schon zwanzig Sekunden unter der Sollzeit.

Wahnsinn!

Doch plötzlich ...

Auf einmal war ich nicht mehr in mir selbst, sondern wurde von Schmerzen übermannt. Es ging auf einmal richtig schwierig voran. Ich fing an, mich zu verbeißen. Wurde immer verbissener. Ich wollte mich selbst pushen. Zwischendurch dachte ich sogar kurz ans Aufhören. Weil ich nicht mehr konnte. Nicht wie eine verwöhnte Göre, die meint: *»Mah, ich kann nicht mehr ...«*, nein, ich konnte *wirklich* nicht mehr vor lauter Schmerzen. Ich wollte mich aus der Situation ausklinken. Mein ganzer Körper brannte. Das war nach acht Kilometern. Dann fuhr ich aber an einem deutschen Rennrollstuhlfahrer vorbei, der als Zuschauer an der Bahn saß. Das war ein netter Kerl, mit dem ich mich gut verstand. Er saß ganz ruhig da, und als ich an ihm vorbeibrauste, rief er im richtigen Moment: »FAHREN MACHT SPASS!«

Da fand ich wieder zu mir zurück.

Egal was passiert, konzentriere dich auf dich und lass es passieren. Mach dir nicht selbst Druck. Hab Spaß, fahr einfach. Einfach die Bewegungen genießen.

Das ist nicht vergleichbar mit Joggen, zum Beispiel. Mein Körper war voll mit Lactat, aber ich konzentrierte mich nicht mehr darauf, wie schwer es voranging, sondern darauf, dass mir das Fahren Spaß machte. Dass ich das Rennrollstuhlfahren liebte. Ich liebte die Bewegung. Allein der Gedanke daran ließ mich die äußeren Umstände vergessen und ich konnte mich auf das Wesentliche besinnen.

Und was passierte?

Es ging wieder leichter. Ich fand zu meinem Flow zurück und es rollte wieder rund. Zwei Kilometer lang gab ich noch alles. Die letzte große Runde genoss ich total. Ich fuhr durchs Ziel und hörte wieder den Stadionsprecher: »Sensationell!! Thomas Geierspichler erreicht wieder einen Weltrekord. Er hat den aktuellen um 29 Sekunden unterboten!«

Ja, Wahnsinn ... Das gibt's doch nicht!

Ich war völlig aus dem Häuschen. Die Glücksgefühle durchströmten mich. Und dazu kam noch, dass Christoph Etzlstorfer den Weltrekord bis zu diesem Zeitpunkt innegehabt hatte. Und jetzt gehörte er mir. Ich hatte ihn um eine halbe Minute unterboten. Vor einem Jahr hatte mich Christoph noch selbst trainiert, war Zweiter beim Olympiamarathon geworden und jetzt hatte ich ihm quasi seinen Weltrekord weggenommen. Das war irgendwie schon eine Kampfansage. Jedenfalls verkauften es die Medien als Kampfansage, ich wollte ja eigentlich niemanden bekämpfen. Ich wollte einfach nur die Bundeshymne für mich spielen hören. Das ist ein großer Unterschied. Denn wenn ich mich darauf konzentriere, jemanden zu schlagen, dann bin ich nicht mehr in mir selbst drin, sondern stehe außerhalb von mir selbst und konzentriere mich auf andere Menschen. Darauf darf der Fokus aber nicht gerichtet werden. Wie bei einem Computerspiel muss man sich darauf konzentrieren, als Erster durchs Ziel zu fahren. Dass man die anderen dabei schlägt, gehört nun mal dazu, aber darauf darf der Hauptfokus niemals gerichtet werden. Man konzentriert sich auf das angestrebte Ziel, man fährt nicht *gegen die Gegner*. Mit anderen Worten: Man richtet den Fokus *auf* etwas beziehungsweise *zu* etwas hin, aber nicht *gegen* etwas. Und dann entsteht die Energie, um das angestrebte Ziel erreichen zu können. Dieser scheinbar kleine Unterschied macht den großen Unterschied. Das spürt man, nicht wahr?

Nun hatte ich also auch den 10 000-Meter-Weltrekord. Das war so ein geiles Gefühl, dass ich es kaum glauben konnte. Ich spürte wieder richtig stark, wie Gott arbeitete. Zum richtigen, aber unerwarteten Zeitpunkt belohnt er dich. Gibt dir das Gefühl, dass dein Weg passt. Und so fühlte ich, dass mein Weg mit Walter als Trainer passte. Auch wenn man das Wort *perfekt* in Bezug auf Menschen nicht verwenden soll, muss ich sagen, dass er perfekt für mich und mein Training war. Es war vorbestimmt, dass wir aufeinandergetroffen waren. Die Zusammenarbeit lief so rund wie zwei Zahnräder in einem Uhrwerk, die ineinanderfassen. Und diese ganzen Erlebnisse sollten noch lange nicht das Ende sein. Sie waren der

Anfang von etwas ganz Großem. Und das dann wiederum der Anfang von etwas anderem Großen ...

Als ich wieder zu Hause war, schrieb ich ein E-Mail an Clayton Gerein. Wir hatten zu dieser Zeit schon regelmäßigen Kontakt. Er fragte mich, wie es mir ging. Ich antwortete, dass ich einen neuen Weltrekord im 10 000-Meter-Rennen aufgestellt hatte. Er gratulierte mir und meinte, dass der Christoph da sicher nicht allzu happy darüber sei. Und dann fragte er mich noch, wie es mir bei den anderen Rennen gegangen war.

Hm ... Na ja ... Da ist noch was ... Beim 5000-Meter-Rennen habe ich auch einen neuen Rekord aufgestellt ...

Das war sein Weltrekord gewesen, den ich da unterboten hatte. Und er reagierte auf so eine sympathische Art und Weise auf diese Nachricht, dass ich ihn gleich noch mehr schätzte.

Gratuliere, Motherfucker, aber beim nächsten Mal bekommst du einen Arschtritt.

Wir hatten von da an eine faszinierende Beziehung zueinander. Weil er sich nämlich auf der einen Seite für mich und meine Weiterentwicklung freute und mich aber gleichzeitig als neuen Rivalen sah. Außerdem nahm er die Herausforderung an, neue Wege zu beschreiten. Diese positive Einstellung half uns wohl dabei, wirklich gute Freunde zu werden.

Na ja, was soll ich sagen. Von da an lief alles wie von selbst. Nicht, dass es ohne Mühe gegangen wäre, ich arbeitete weiter hart an meinem Training, aber ich war in diesem Flow-Zustand, den ich schon vorhin beschrieben habe. Dieser Zustand war aber nicht nur auf die Rennen beschränkt, sondern hielt fast rund um die Uhr an. Ich war so sehr eins mit mir selbst, ging in meiner Bestimmung absolut auf. Ich spürte, dass ich am richtigen Ort war. Ich wollte nirgendwo sonst sein. Es war, als wäre ich endlich angekommen, ich spürte eine große Ruhe, und trotzdem war da gleichzeitig ein Kribbeln und Vibrieren, ein Hingezogenwerden zu einem Ziel. Ich befand mich in diesem Spannungsfeld dazwischen. Ich träumte sogar vom Rennrollstuhlfahren. Ich *war* das Rennrollstuhlfahren, so verrückt sich das auch anhört ...

Dass da trotzdem viel Mühe und Anstrengung dahintersteckte,

ist klar. Es war nicht so, als würde einfach alles *von selbst passieren*. Das stört mich so an vielen heuchlerischen Kirchengängern. Wenn sie meinen, Gott hätte etwas gemacht und geschehen lassen und er ist so gut zu uns. Und das mit so einem übersättigten und selbstzufriedenen Lächeln. Dass der Mensch seine Leistungen selbst erbringen muss und es selbst geschehen lässt, das sehen sie nicht. Gott gibt einem Menschen das Talent, aber dieses Talent muss dann auch genutzt werden. Man muss alles für seine Ziele geben und hart arbeiten.

Hier ein anschauliches Beispiel:

Wenn jemand ein Formel-1-Auto bekommt, ist er noch lange kein Rennfahrer. Auch wenn sich viele gleich so fühlen. Wenn man ein Formel-1-Auto bekommt, muss man sich natürlich damit beschäftigen, sich jeden Tag damit auseinandersetzen, das Auto auch technisch verstehen. Man muss sich Strecken ansehen und bis zum Umfallen die Kurven auswendig lernen, um zu lernen, wie man sie noch besser anfahren kann, wie man noch um ein paar Hundertstelsekunden schneller werden kann. Außerdem muss man auch den Körper trainieren, damit er diesen irren Belastungen standhält. Das muss man *leben*. Man muss eins werden mit dem, was man tut. Und dann bekommt man von Gott Bilder in den Kopf gesetzt, wie man sich verbessern kann, wie man weiterkommen kann.

Das Talent zu haben, ist also nur eine Sache, das Maximum daraus zu machen oder überhaupt etwas aus diesem Talent entstehen zu lassen, ist die andere. Dazu gibt dir Gott die richtigen Ansätze, Motivation und Bilder, damit du siehst, wie es weitergehen könnte. Das heißt noch lange nicht, dass es leicht ist, das zu erreichen, was man sich wünscht. Oft sogar im Gegenteil. Es gibt Zeiten, die wehtun. In denen man verzweifelt. Aber da muss man durch. Die Ziele bis zur Ohnmacht verfolgen.

Genauso war es bei mir. Walter und ich haben so viel trainiert. Wir haben angefangen, die Umfänge zu steigern, und genau das war der Punkt, der nötig war. Ich traf die Entscheidung, Profi zu werden. Ich wollte das Maximum aus mir herausholen. Und das bedeutet, dass ich alles andere hintanstellen musste. Ich konzentrierte mich nur noch auf diese eine Sache: Rennrollstuhlfahren. Wenn man so eine Entscheidung trifft, kann man nicht nebenbei arbeiten gehen und abends noch schnell trainieren, nein, das muss man dann wirklich leben. Viele, viele Umwege machen. So als würde man einen Luftballon immer und immer wieder sachte aufblasen, man lässt etwas Luft hinausströmen, um ihn dann wiederum sachte aufzublasen. Mit der Zeit wird dieser Luftballon dann immer weiter ausgedehnt. Wenn er frisch aus der Fabrik kommt und man ihn gleich mit zu viel Luft füllt, wird er platzen. Aber wenn man klein anfängt und das Anfüllen mit Luft dann langsam steigert, wird die Haut sich dehnen und immer belastbarer werden. Bis zu einem gewissen Punkt natürlich. Man muss bewusst und gezielt an dem Überschreiten der Grenzen arbeiten. Es ist eine Gratwanderung aus Belastung und Ruhe.

So ging es also dahin. Es war ein tolles Jahr: hart, aber gut. Ich lieferte super Rennen und super Zeiten, mein Leistungsniveau wurde ständig angehoben.

Wahnsinn, wie sehr das Training anschlägt …

Dann wurde es schließlich Herbst und es ging wieder ab ins Leistungssportbetreuungszentrum nach Salzburg-Rif. Mittlerweile war das dort schon voll cool. Ich freute mich jeden Tag darauf, dort mein Training zu absolvieren. Mein Trainer betreute schon recht viele Leute dort. Wir waren fast wie eine kleine Familie. Wir hatten jede Menge Spaß und gute Unterhaltung beim Training. Täglich trainierten dort Leute wie die Alexandra Meissnitzer (das war ja überhaupt der absolute Wahnsinn, sie war schließlich mit dem Hermann Maier auf eine Stufe zu stellen, dominierte alle Rennen, und bis jetzt hatte ich sie immer nur aus dem Fernsehen gekannt und nun trainierte ich Seite an Seite mit ihr – richtig schräg!), Claudia und Manu Riegler, Philipp Schörghofer, Matthias Lanzinger, Hannes Reiter, Reinfried Herbst und viele, viele andere bekannte Leute. Das war eine richtig coole Zeit. Jeder trainierte hart und das Ganze bekam so eine Eigendynamik. Das motivierte mich so. Ich trainierte wie jeder andere Spitzensportler auch und das veränderte auch viel in meinem Denken. Der Behindertensport wird gerne als »Bewegungstherapie« oder »Sport zweiter Klasse« abgestempelt und dann sieht man aber, dass man genauso hart trainiert wie die anderen Profis und teilweise sogar mehr (das lag zum Teil auch daran, dass ich Marathons fuhr und dafür besonders viel Kraft- und Koordinationstrainingseinheiten absolvieren musste). Man war einfach den ganzen Tag mit Training beschäftigt und arbeitete daran, seine Leistungen zu stabilisieren und sie auch stetig weiterzuentwickeln. Und das machte ich als Behinderter genauso wie alle anderen Spitzensportler auch. Das veränderte nicht nur mein eigenes, sondern auch das Denken der nicht behinderten Sportler. Ich fühlte mich als Mensch, als Sportler, der die Aufgabe hat, sein Potenzial voll auszuschöpfen. Ich war wie ein Ruderer, der eben einen Rennrollstuhl als Arbeitsgerät hat, um möglichst schnell von A nach B zu kommen. Und in diesem Arbeitsgerät saß ich als Mensch. Ich wusste, dass ein nicht behinderter Sportler das nicht schneller oder besser schaffen konnte als ich. Ich bin ein Sportler. Und dieses Gefühl bekam ich ausnahmslos von allen anderen im Zentrum vermittelt. Das war so schön. Und ich mittendrin. Es ergaben sich auch viele super Gespräche. Es war wirklich eine tolle Zeit.

Weltmeisterschaft 2002

Jawoll, weiter geht's …

Auch wenn ich in Sydney schon »große Wettkämpfe« gefahren war (mit immerhin 110 000 Zuschauern!), war ich jetzt wieder in einer neuen Situation. Ich hatte mich so gut weiterentwickelt und galt als Mitglied der Weltelite. Ich zählte zu den Favoriten. Das behagte mir eigentlich nicht ganz. Mir war zwar klar, dass das zu meinem Ziel, die Bundeshymne bei den Olympischen Spielen für mich spielen zu hören, wohl oder übel dazugehörte, aber ich war nun in einer Position, wo ich einer von denen war, die den Sieg mitbestimmten. Andere würden mich beobachten, bei allem, was ich tat. Das war mir schon irgendwie unheimlich.

Wir flogen nach Lille. Dort fand die Leichtathletik-Weltmeisterschaft statt. Lille liegt in Frankreich, das Land, in dem man perfekt Englisch spricht und wo Englischsprachige mit offenen Armen empfangen werden. Na ja, Scherz beiseite …

Als wir unser Hotel bezogen, war wieder alles wahnsinnig aufregend. Das Hotel lag mitten in der Stadt und wir wurden mit Shuttlebussen ins Stadion gebracht, wo wir trainieren konnten und wo schließlich auch die Wettkämpfe stattfinden würden.

Schließlich stand meine Lieblingsdisziplin an, der Marathon. Die anderen Wettkämpfe waren natürlich schon unglaublich und aufregend und herausfordernd genug, aber der Marathon ist für mich eben das Ultimative. Wir wärmten uns auf und ich fühlte mich richtig gut. Die Atmosphäre vor einem Marathon ist einfach ganz besonders. Die Langstreckenfahrer haben im Allgemeinen eine ganz eigene Einstellung zum Sport und auch zum Leben, das verbindet die Sportler miteinander und motiviert sie auch. Man wärmt sich auf und ist dabei hoch konzentriert, aber man grüßt sich auch und macht Witze, weil jeder weiß, was für eine *lange Reise* man vor sich hat. Normalerweise ist es ja nicht unbedingt die schönste Vorstellung, um fünf Uhr früh aufzustehen, aber wenn der Marathon ansteht, dann ist das etwas anderes. Man ist mit Glück erfüllt. Gepaart mit Aufregung und Erwartungshaltungen, man spürt das Leben so wahnsinnig intensiv. Man spürt sich selbst so intensiv. Draußen ist es noch dunkel und man trinkt einen Kaffee und isst und isst und isst, dann fährt man zum Start und trinkt und trinkt, noch eine Banane, noch ein PowerBar. Die Sonne geht langsam auf, man wärmt sich auf, justiert sein Material, auf der Straße sind kaum Leute.

Ach ja, Sonntag ist schon was Geiles ...

Langsam kommen immer mehr und mehr Schaulustige, die den Marathon auch als etwas Besonderes spüren, und auch das erfüllt die Sportler innerlich mit diesem tiefen Lebensgefühl. Meine Worte reichen gar nicht aus, um zu beschreiben, was da so abgeht. Ich würde jedem empfehlen, sich einmal einen Marathon anzusehen und dieses Gefühl richtig aufzusaugen.

Schließlich war es so weit und der Startschuss fiel. Es ging wieder richtig zur Sache. Gleich von Anfang an. Diesmal war ich derjenige, der sofort Tempo machte. Ich drückte voll an und wollte schauen, was passieren würde. Ich hörte Clayton Gerein hinter mir im Windschatten fahren und das störte mich nicht weiter, weil uns das schon öfters mal bei Rennen nützlich gewesen war. Ich schrie zu ihm nach hinten, ob *er* noch hinter uns war. Damit meinte ich Christoph. Christoph Etzlstorfer war dafür bekannt, dass seine Stärken bei den Anstiegen lagen, und davon gab es in diesem Rennen einige. Und dann hörte ich von hinten, aber nicht Clayton, sondern den Christoph selbst: Ja, ich bin noch da. Er wollte mir zu erkennen geben, dass das eine Art Kampfansage war. Ich hatte ihn mittlerweile schon bei anderen Rennen geschlagen, aber man musste trotzdem immer mit ihm rechnen.

Hu ... Das wird nicht leicht ... Ein anstrengender Arbeitstag ...

Wir fuhren und fuhren. Zwei Schleifen durch die ganze Stadt. Es war echt geil. So viele Leute, die an der Strecke standen und die einen andauernd in ohrenbetäubender Lautstärke anfeuerten. Die einzige Chance, die ich sah, war, auf den langen und flachen Passagen so viel Vorsprung wie möglich zu holen, damit ich bei den Anstiegen schon einen Vorteil hatte. In Sydney hatte ich es ja auch so gemacht. Ich musste zur Kenntnis nehmen, dass Christoph und

Clayton Gerein mir bei den Anstiegen überlegen waren. Die waren in dieser Hinsicht einfach eine Klasse für sich und ich musste mir keine Hoffnungen machen. Ich versuchte das Tempo hochzuhalten, damit die anderen hinter mir hoffentlich abbrechen würden. Das war meine Chance. Irgendwann war es dann so weit. Christoph konnte bei dem hohen Speed nicht mehr mithalten und Clayton und ich waren nun allein an der Spitze.

Geh, leck ... Scheiße ... Jetzt geht's um uns beide.

Ich hatte richtig Angst, dass ich mich da vielleicht selbst übernahm, dass ich vielleicht ein zu großes Anfangstempo vorgelegt hatte. Dass Clayton in einem schwachen Moment eine Attacke starten würde. Ich versuchte das nicht zuzulassen und hielt den Speed weiter hoch. Er war immer noch hinter mir. Das war eine komische Situation. Ich wartete irgendwie darauf, dass er losstarten und mich attackieren würde. Aber nichts passierte. Dann kam die Steigung. Ich war richtig nervös.

Passiert es jetzt?

Dann merkte ich, dass Clayton trank. Da schoss mir ein Gedanke durch den Kopf.

Hau rein, was geht. Gib alles! Fahr den Anstieg mit aller Kraft. Mit allen Ressourcen, die du hast ...

Ich drückte an. Schaute nicht nach hinten, sondern gab alles, was ich hatte. Oben angekommen, schaute ich immer noch nicht zurück. Ich merkte, dass Clayton schon etwas abgerissen war, und wollte das Tempo noch ein paar Minuten extrem hochhalten, damit er sich vielleicht dachte, der Abstand wäre zu groß und er müsste aufgeben. Zehn Minuten lang verschärfte ich das Tempo immer weiter. Dann ging es wieder durch die Stadt. Die letzten zehn Kilometer. Clayton war nicht mehr da.

Geh, leck ...

Ich konnte nicht glauben, dass ich allein an der Spitze fuhr.

Trotzdem sind es noch zehn Kilometer!

Ich gab alles. Ich wollte nicht, dass jemand an mich herankam. Ich kam zu einer kleinen Kehre, wo man sich einen Überblick verschaffen konnte, wie viel Vorsprung oder Rückstand man hatte. Ich merkte, dass ich ungefähr eine Minute Vorsprung hatte, mir war aber auch bewusst, dass Clayton einer war, der bis zum Schluss nicht aufgab und mit dem man bis zur Ziellinie kämpfen musste. Wenn man sein Tempo nicht hält und auch nur ein bisschen schlappmacht, kann man diese eine Minute ganz schnell wieder verlieren. Ich fuhr so schnell ich konnte. Dann sah ich in der Ferne schon das Stadion. Da wurde ich wieder nervös. Aber diesmal gab es keine Gedanken, dass der Rollstuhl brechen könnte oder dass sonst irgendwelche Pannen passieren könnten, so kurz vorm Ziel. Es zog mich einfach nur dorthin zum Stadion. Ich wollte an nichts mehr denken. Nur daran, dass ich um mein Leben fahren musste. Ich wollte nichts in mir zurückhalten. Dann bog ich zu den Katakomben ein und bei der Einfahrt sah ich wieder die Menge auf den Sitzplätzen. Beim Stadion-Eingang drehte ich mich um, um zu sehen, ob ich noch immer allein war – und niemand war hinter mir.

Woah … Wahnsinn …

Ein paar Teamkollegen schauten mir zu und riefen mir mit geballter Faust zu.

Ja, Wahnsinn … Super … Voll geil …

Ich fuhr hinein. Das Stadion stand da, in seiner vollen Pracht. Ich genoss die letzte große Runde, die ich noch drehen musste, und fuhr durchs Ziel. Ich hörte wieder den Stadionsprecher: »And now … Winner Marathon … Thomas Geierspichler …« Im Ziel hörte ich seine Stimme noch einmal: »… new Worldchampionship record …«

Woah … Ist das geil …

Es fühlte sich so an, als würde die Sonne nur für mich scheinen. Ich freute mich natürlich über die gewonnenen Bahnrennen. Aber Weltmeister im Marathon? Das hatte für mich die allergrößte Bedeutung. Der Marathon war eben eine richtige Männerdistanz. Für Hartgesottene. Weil der Marathon im Prinzip wie ein komprimiertes Leben ist. Die vielen Höhen und Tiefen, die man in so »kurzer« Zeit durchmachen muss. Und wenn du dann durch das Ziel fährst, erfüllt dich das immer mit Glück. Aber den Marathon dann auch noch zu gewinnen. Und dann auch noch Weltmeister zu werden. Mit Meisterschaftsrekord. Das ist Glück mit einem Sahnehäubchen oben drauf. Obwohl »Glück« ja eigentlich nicht steigerbar ist. Wenn man Glück empfindet, braucht man sonst nichts mehr, man will auch nichts mehr. Man wird eins mit Raum und Zeit, alles andere ist uninteressant. Man will in diesem Moment nirgendwo anders sein. Alles ist perfekt. Und wenn man, wie ich, nicht nur den Weltmeistertitel bekommt, sondern sich auch noch einen neuen Weltmeisterschaftsrekord sichert, dann ist das einfach nur ein Geschenk, das man selbst nicht mehr in der Hand hat, sondern das einen wie eine zweite Flutwelle durchströmt, die einen atemlos macht.

Noch so ein geiles Gefühl beim Marathon ist dann der Moment, wenn die Athleten der Reihe nach langsam ins Stadion gefahren kommen. Die einen erschöpft, die anderen mit dem Willen, ihre Bestzeit noch weiter zu unterbieten. Manche kämpfen noch gegeneinander bis zum Schluss. So viele Geschichten laufen da in den Köpfen ab, Wahnsinn, und das sieht man dann in den Augen der Athleten. Das fasziniert mich immer wieder. Und ist wohl auch einer der Gründe, warum ich als Erster im Ziel sein will. Es ist einfach richtig schön, als Erster drinnen zu sein und sich dann noch den restlichen Marathon ansehen zu können. Und dann kommt die Siegerehrung. Ich weiß nicht, ob Ihnen der Film »Forrest Gump« ein Begriff ist, das ist einer meiner Lieblingsfilme. Forrest Gump begeht eine Heldentat nach der anderen, wird ins Weiße Haus eingeladen und dort vom Präsidenten geehrt und er nimmt das alles mit so einer Leichtigkeit hin, weil er einfach keinen Wert auf solche Ehrungen legt und der Einladung nur folgt, weil sie eben eine Einladung ist.

Wenn ich sage, dass das für mich ähnlich ist, klingt das wahrscheinlich arrogant, aber so ist es.

Dann ging es also zur Siegerehrung.

SCHON WIEDER!

Nein, Scherz, es war ein Wahnsinn. Mein erster großer Marathontitel und ich freute mich riesig darauf. Ich liebte es ja so sehr, die Bundeshymne für mich spielen zu hören. (Obwohl ich die Bundeshymne immer noch nicht auswendig kann! Die sollte ich jetzt dann bei Gelegenheit einmal lernen …) Vor der Ehrung hatte ich noch mit meiner Mutter telefoniert, um ihr zu sagen, dass ich gewonnen hatte, und sie hatte sich mit mir gefreut. Dann hatte ich so getan, als müsste ich kurz etwas erledigen, und ihr gesagt, dass ich sie gleich zurückrufen würde. Damit sie das Handy griffbereit haben würde ... Ich verstaute mein Handy zwischen meinen Beinen und wir wurden zur Medaillenzeremonie aufgerufen.

Dritter Platz ...

Zweiter Platz ... Clayton Gerein ...

Erster Platz ... and Worldchampion with new Worldchampionship record ... Thomas Geierspichler ...

Wahnsinn ...

Jetzt stand ich ganz oben bei einem weltweiten Marathonbewerb. Als Weltmeister. Der Marathonbewerb ist einfach der gewichtigste Bewerb.

»Ladies and gentlemen, the Austrian anthem ...«

Kurz vorher drückte ich schnell auf Wahlwiederholung und meine Mutter hob ab. Sie bekam alles mit. Ich habe das so genossen. Und zwar noch mehr, weil meine Mutter quasi mit dabei war. Weil sie das mit mir zusammen erleben konnte. Ich habe ihr so viel zu verdanken, sie hat immer an mich geglaubt. Ich wollte, dass sie sich mitfreuen konnte und das Gefühl bekommen konnte, als ob sie live dabei wäre. Sie ist Teil der Erfolge, die ich gehabt habe. Sie hat mich immer bedingungslos und selbstlos unterstützt. Die Hymne wurde für uns beide gespielt.

Als ich nun da oben saß und das alles so sehr genoss, kam mir ein Gedanke. Mir wurde komischerweise klar, dass das hier zwar ein Wahnsinn war, aber dass es gleichzeitig nicht dasselbe Gefühl war wie das, das ich damals in Sydney hatte erleben dürfen. Es fühlte sich nicht an, als wäre ich im Ziel angekommen. Es war eher ein Vorgeschmack auf etwas, was ich noch erreichen sollte. Ein Ansporn. Ein Geschenk, um die richtige Motivation zu bekommen und dranzubleiben. Um alle möglichen Kapazitäten, die noch in mir schlummerten, freizusetzen. Dir wird nichts geschenkt, wenn du nicht auch etwas aus deinem Glück machst.

Meine Mutter war zu Tränen gerührt, ich auch. Wir haben diesen Moment zusammen sehr genossen.

Ach, wie schön das Leben sein kann ...

Am nächsten Tag ging es dann voll motiviert und überglücklich an die Heimreise. Besser hätte die WM-Ausbeute ja nicht sein können. Viermal angetreten, viermal gewonnen. Also hatte ich auch vier Medaillen gewonnen, aber weil ich nicht der Ordentlichste bin und auf diese Medaillen auch nicht so viel Wert lege, habe ich es doch tatsächlich geschafft, eine davon auf dem Weg nach Hause zu verschusseln. Na ja, kann man nichts machen …

Als ich zu Hause ankam, wusste ich nicht, dass wieder eine riesige Überraschung auf mich warten würde. Ich wurde von all meinen Trainingskollegen aus Salzburg-Rif und meinen Freunden empfangen. Sie hatten Transparente dabei. »GO-GO-GO-GOLD-PICHLER« und »TOMINATOR«. Das war so genial, echt, der Wahnsinn. Wieder so viele Leute. Ich war überwältigt. Und daheim gab es dann eine Überraschungsparty. Ein damaliger Freund hatte das mit seinem Team alles organisiert. Superspitzensportler waren da. Viele Leute aus unserer Ortschaft. Der Bürgermeister. Und, worüber ich mich sehr freute, die Trachtenmusikkapelle von Anif, wo auch mein Bruder mitspielte. Bier wurde ausgeschenkt, die Leute freuten sich alle mit mir. Dann hielt der Bürgermeister eine Ansprache und da mir das noch nie wirklich gefallen hat, immer im Vordergrund zu stehen, ließ ich mir einen kleinen Gag einfallen. Meine Mutter stand vorne neben mir und als meine Ehrung vorbei war, bedankte ich mich bei meiner Mutter und hängte ihr eine Goldmedaille um. Eine, die sie sich verdient hatte. Sie war einfach Teil des Erfolgs. Das war ein wirklich rührender Moment.

Dann musste ich noch etwas tun, wo mir sogar ein 1500-Meter-Rennen vom Zeitempfinden her kürzer vorkommt. Ich musste die inoffizielle Salzburger Landeshymne, den Radetzkymarsch, dirigieren.

Gott sei Dank hatte ich vorher schon ein Bier getrunken …

Aber auch das ging vorbei und es wurde eine supergeile Party.

Rennsaison 2003 – World Series

Es kam mir so vor, als könnte mich nichts mehr stoppen. Das Training lief super und wir machten sehr viele Umfänge, das muss man machen, weil es so ist, als würde man ein Kartenhaus oder eine Pyramide bauen. Wenn man eine hohe Spitze erreichen will, muss man ein breites Fundament legen. Je breiter das Fundament, umso besser das Stehvermögen an der Spitze. Aber um dorthin zu kommen, muss man viele, sehr viele Umfänge machen. Obwohl wir auch sehr harte Trainings hatten, ging es eben nicht immer um diese harten Einheiten, sondern eben auch um das Fundament und um die Zwischenstöcke. Damit die Bude schön stabil steht. Das benötigt immens viel Zeit. Um bei einem Marathon bestehen und vor allem siegen zu können, braucht es mehr als Glück. Man muss viel Zeit investieren. Wie bei einem Bankkonto oder bei der Börse – da besteht ein großer Unterschied! Wenn man kontinuierlich einzahlt, wird man am Ende einen relativ sicheren Endbetrag haben, der sich stetig vermehrt hat. Anders ist es auf dem Aktienmarkt. Es kann kurzfristig zu großen Gewinnen kommen, aber auf lange Sicht, wenn es sich um keine seriöse Anlage oder Firma mit ehrlichen Werten handelt, wird das Kartenhaus irgendwann zusammenbrechen. Weil es nichts Wahrhaftiges ist. Weil der Gegenwert nicht stimmt. Weil es Blendung ist.

In diesem Sinne trainierten wir also weiter. Der Körper wurde fundamental an weitere Umfänge und Belastungen gewöhnt. Schritt für Schritt und kontrolliert zahlten wir auf unser Bankkonto ein …

Im Winter konnten wir große Blöcke durchziehen. Das heißt, wir trainierten nach Plan. Drei Wochen intensives Training und eine Woche Regeneration. Wobei Regeneration nicht bedeutet, dass man dann nichts macht. Es wird dann einfach in weniger großen Umfängen weitertrainiert, also teilweise nur einmal am Tag. Man geht weg von den intensivierenden Belastungen, damit sich der Körper an das, was er in den vergangenen Wochen geleistet hat, adaptieren kann. Dass er das abspeichern kann. Der Körper reagiert ungefähr so, dass er sagt: Hey, das war jetzt aber schon eine ziemliche Belastung und das darf nicht mehr passieren, dass mir das so zusetzt. Und so baut er dann in der Regenerationsphase auf, um bei der nächsten Belastungsphase besser bestehen zu können. Deswegen ist die Regeneration ein gleich wichtiger Teil wie das Training selbst. Es bedarf einfach der richtigen Abstimmung. Und so schaukelt sich dann die Leistung stetig nach oben. Walter hatte alles im Griff und steuerte das Training perfekt. Und so zogen wir im Winter ungefähr fünf solcher Blöcke durch. Das ist ein super Aufbautraining.

Schließlich begann wieder die Rennsaison. Ich kann nicht auf jedes einzelne Rennen eingehen, aber ein paar Highlights will ich in diesem Kapitel trotzdem erwähnen.

Was in diesem Jahr folgte, hätte ich mir in dem Ausmaß niemals erträumt. Das hört sich bestimmt blöd oder unverständlich an für jemanden, der sagt, er will die Bundeshymne bei Olympia für sich spielen hören. Aber es war trotzdem so. Ich hatte bis zu diesem Zeitpunkt gar nicht fassen können und auch gar nicht fassen wollen, wie es sich anfühlt, diese ganzen Erfolge zu haben. Ich wollte einfach jeden Moment genießen, nur der Moment zählt. Nur das, was man gerade in einem bestimmten Moment erfährt und fühlt, ist wichtig. Wenn man schon voreingenommen in eine Sache hineingeht, will man nicht enttäuscht werden. Man hat dann eine konkrete Vorstellung davon, wie etwas ablaufen soll, und wenn es dann anders kommt, dann kann man den Moment nicht schätzen, auch wenn er in seiner Andersartigkeit genauso großartig und einzigartig sein kann. Das ist schade. Nein, das ist sogar Schwachsinn. Authentizität besteht darin, wenn einem im Moment des Glücks nur dieser Moment wichtig ist. Nicht die Vorstellung, die man sich davor schon gemacht hat, an der man dann alles misst. Sonst beraubt man sich selbst der Kraft und der Emotionen eines Moments, der Heiligkeit, die entsteht, wenn ich die Energie und die Botschaften aufsauge und durch mich durchfließen lasse. Stattdessen bleibt man in seinem Hirn drin und wird enttäuscht, weil sich die Vorstellung nicht erfüllt.

World-Series-Finale Atlanta

Zur Erklärung: Die World Series sind mit dem Weltcup gleichzusetzen. Es werden verschiedene Rennen auf verschiedenen Kontinenten zur Endbewertung herangezogen. Da kann man auch nicht einfach irgendwelche kleinen Rennen fahren, sondern muss die wichtigsten bestreiten, um in diese Wertung zu kommen. Eigentlich ist es ähnlich wie beim Grand Slam. Oder bei der Vierschanzentournee, nur müssten da mehrere Vierschanzentourneen zur Bewertung stattfinden. Herangezogen werden die Weltrekordzeiten für die Bahnen und die Streckenrekordzeiten für die jeweiligen Straßenrennen.

Für mich war bis jetzt alles super gelaufen und ich war relativ uneinholbar gewesen. Aber mit einem Ausfall hätte ich mir die ganze Wertung zusammenhauen und alles auf den Kopf stellen können.

Nach vielen Rennen kam es endlich zum Finale. Es war das 5000-Meter-Rennen auf einer der schnellsten Bahnen der Welt, dem Grady Stadium in Atlanta. Wenn man irgendwo richtig gute Weltrekorde fahren kann, dann dort. Wobei das Wetter dabei auch immer eine große Rolle spielt.

Es war ein komplett windstiller Abend und die Temperaturen waren auch schon zurückgegangen. Ich fühlte mich richtig gut und war nicht wirklich nervös, weil ich in einer Superform war und mit einer Niederlage rechnete ich nicht. Das mag vielleicht überheblich klingen, aber wenn man einen richtig guten Lauf hat, dann kommt einem dieser Gedanke oft tatsächlich nicht. Ich hatte ja auch schon bemerkt, wie sehr meine Gegner bei den vorigen Rennen an meinem Speed zu knabbern gehabt hatten, und mir ging das Ganze, wenn ich wirklich konzentriert war und Spaß am Fahren hatte, relativ leicht von der Hand.

Schon beim Aufwärmen merkte ich, dass ich einen wirklich lockeren und guten Grundspeed hatte. Clayton und ich wärmten gemeinsam auf und fuhren uns gut ein. Ihm ging es eigentlich auch super bei dieser ganzen Serie, er benötigte noch ein paar Punkte, um Zweiter in der Gesamtwertung zu werden. Er würde eine hohe Punkteanzahl bekommen, wenn er es schaffte, den Weltrekord zu unterbieten, und das wusste ich.

Wir gingen an den Start. Ich fuhr gleich an die Spitze und wollte meine Geschwindigkeit hochhalten, damit wir eine gute Zeit fahren konnten. Bald setzten sich drei Leute ab: ein Spanier namens Santiago Sanz, Clayton Gerein und ich. Wir gaben alle Vollgas. Aber das Coole an der Sache war, dass ich ganz an der Spitze fuhr und sicher nicht mehr Anstrengung dafür benötigte, zu führen, als die beiden hinter mir, die im Windschatten fuhren und ihre Geschwindigkeit halten wollten. Nach ein paar Runden achtete ich darauf, dass sich Sanz hinter mir einreihte, und ich ließ Clayton die Arbeit machen. Wir beide hatten uns zuvor abgesprochen, Clayton wusste, dass ich etwas vorhatte, um ihn zu unterstützen. Wir wussten, dass Sanz gefährlich sein konnte und Clayton nicht ohne Hilfe von ihm wegkommen konnte. Schließlich spürte ich, dass der Zeitpunkt für mein Vorhaben gekommen war. Ich ließ Clayton vor mir fahren und er setzte sich langsam immer weiter ab.

Go, Clayton, go!

Ich ließ mein Tempo etwas abfallen, Sanz bemerkte das Manöver zu spät. Clayton hatte sich schon abgesetzt und der Spanier wusste, dass er es ohne meine Hilfe nicht schaffen konnte, Clayton zu schnappen. Vielleicht hat er sich noch darauf verlassen, dass ich die Lücke wieder schließen würde. Ich ließ Clayton ungefähr 150 Meter vorne wegfahren und dann startete ich meine Attacke. Ich versuchte Sanz aus meinem Windschatten rauszubekommen, damit er es schwieriger haben würde. Ich ging richtig ran und setzte mich mit einem großen Vorsprung ab. Jetzt war es mein Ziel, Clayton wieder einzuholen. Nach ungefähr zwei Runden war ich wieder direkt hinter ihm, ich behielt meine Geschwindigkeit bei und reihte mich schließlich wieder vor ihm ein. Ich rief ihm nach hinten zu, er sollte richtig reinhauen. Es waren noch drei Runden zu fahren und wir flogen miteinander über die Bahn. Ein supergeiler Speed. Eine wahnsinnig schnelle Bahn. Wir lagen super in der Sollzeit.

Letzte Runde …

Sanz konnte nicht mehr gefährlich werden. Wir gaben noch alles.

Die letzten hundert Meter …

Ich hatte ein komisches Gefühl. Ich war echt schon ausgepumpt und hatte kurzfristig sogar ein bisschen Angst, dass Clayton mich noch attackieren könnte. Freunde hin oder her, bei einem Rennen geht es um die Siege.

Nein. Auch wenn er könnte ... Er legt es nicht darauf an.

In diesem Rennen zeigte mir Clayton seine Dankbarkeit für meine Hilfe, indem er keine Gegenattacke mehr startete. Er verhielt sich als Mensch und nicht als Gegner. Er zeigte mir, dass es Wichtigeres gab, als zu siegen. Er hatte Anstand, Werte. Er wertschätzte mich als Mensch und das, was ich für ihn getan hatte.

Wahnsinn ...

Da fährt es mir heute noch durch Mark und Bein. Das ist das wahre Leben. Solche Menschen wie Clayton Gerein habe ich nicht oft kennengelernt. Solche Werte und Taten werden in unserer Gesellschaft immer seltener. Sie zeigen einem aber, wer ein richtiger Freund ist, und nicht, was jemand sagt. Die Taten zählen, nicht die Worte. Wenn Worte mit den Taten nicht übereinstimmen, werden sie wertlos. Ein Mensch zeichnet sich dadurch aus, wie er handelt.

Wir fuhren durchs Ziel. – Und wissen Sie was? – Wir fuhren Weltrekord. Beide unterboten wir den Weltrekord. Ich gewann und Clayton war um eine Zehntelsekunde hinter mir ins Ziel gefahren, das heißt, ich bekam meine 100 Punkte, Clayton erreichte 99,99 Punkte. Und das bedeutete, dass er in der Endwertung an die zweite Stelle vorrückte und ich gewann.

So geil ... Ich habe die World Series gewonnen ...

Und Clayton war Zweiter! Das war ein Wahnsinn. Dieses Rennen war eine taktische Meisterleistung gewesen. Nicht nur eine Machtdemonstration als Rennrollstuhlfahrer, sondern eine Leistung mit großen Auswirkungen auf die Rangliste. Wir hatten unsere Möglichkeiten schlau für die Platzierungen eingesetzt. Wir hatten unsere Stärken für etwas genutzt, was uns wichtig gewesen war.

Am nächsten Tag gab es dann noch ein 1500-Meter-Rennen auf der schnellen Bahn. Natürlich gab es noch andere Rennen, aber dieses ist meiner Meinung nach wieder besonders erwähnenswert. Ein paar Stunden zuvor hatte ich beim 800-Meter-Rennen meine persönliche Bestzeit abgeliefert. Bei diesem 1500er ging es natürlich wieder darum, möglichst viele Punkte zu erreichen. Für Clayton ging es vor allem darum, seinen zweiten Gesamtrang zu stabilisieren. Er musste also entweder gewinnen oder wieder den zweiten Platz belegen. Aber bei einem 1500er muss man wirklich aufpassen, der kann es in sich haben. Man darf keine Angriffe versäumen, da relativ wenig Zeit bleibt, um zu reagieren, und wenn man einmal abreißt, dann kann es wiederum zu lange dauern, bis man aufholt. Also heißt es immer schön aufpassen.

Es ging los.

Wir starteten alle zusammen in einer Gruppe. Nach einer Runde ergab sich aber schon das übliche Bild: Sanz, Clayton und ich setzten uns an der Spitze ab. Ich hatte das sichere Gefühl, mich jederzeit vorne absetzen zu können, also beschloss ich bei der Gruppe zu bleiben und Clayton zu helfen. Ich achtete darauf, dass er in meinem Windschatten bleiben konnte, und erhöhte stetig das Tempo. Hundert Meter vor dem Ziel ergab sich dieselbe Konstellation wie beim 5000-Meter-Rennen. Sanz konnte nicht mehr mithalten, ich gewann und Clayton fuhr direkt hinter mir ins Ziel. Wieder Weltrekord. Wieder 100 Punkte für mich, 99,99 Punkte für Clayton.

Wahnsinn … Ist das geil …

Damit war die Vorentscheidung gefallen. Clayton und ich hatten unsere Plätze in den World Series endgültig fixiert. Ich gewann sie. Clayton wurde Zweiter. Am nächsten Tag würde noch ein Zehn-Kilometer-Straßenrennen auf dem Programm stehen, aber das würde nicht mehr ins Gewicht fallen, da wir ein Streichresultat nutzen konnten, wenn wir wollten, und somit waren wir uneinholbar geworden. Ans Feiern ging es aber trotzdem noch nicht, wir waren ja richtige Sportsmänner und konnten uns im Zaun halten. Aber es war ein tief befriedigendes Gefühl. Wir waren überglücklich.

Weil Clayton und ich mittlerweile wirklich gute Freunde waren, teilten wir uns in den Städten, in denen die Rennen stattfanden, immer ein Zimmer. Mit jemand anderem konnte ich das nicht. Ich wollte das auch nicht. Mit Clayton war es einfach perfekt. Wir verstanden uns so gut. Er war ein total unkomplizierter Typ. Ganz ohne Starallüren. Er war siebenfacher Olympiasieger und wenn man ihn sah, nahm man eher an, dass er ein Schafzüchter war oder etwas in der Art. Die Gespräche, die er führte, machten ihn aus. Die Einstellung zum Leben. Ein bodenständiger und einfacher Mann.

Und er schnarchte nicht …

Der Tag, an dem dieses letzte Zehn-Kilometer-Straßenrennen stattfand, war der 4. Juli. Der amerikanische Nationalfeiertag. Dieses Rennen war eines der größten Straßenrennen auf der ganzen Welt. Ein Prestige-Rennen. Der absolute Wahnsinn. 60 000 Läufer und weiß Gott wie viele Hunderttausende Zuseher. Es ist irre dort teilzunehmen. Die haben sogar Helikopter, mit denen sie die Rennen live im Fernsehen übertragen.

Das Rennen begann um sieben Uhr. Sieben Uhr in der Früh, wohlgemerkt. Also, das ist echt hart. Das bedeutet nämlich, um vier Uhr aufzustehen. Diese Uhrzeit hatte ich früher auch gekannt, aber eher vom Heimkommen nach dem Feiern. Aber weil ich ja durch eine harte Bauernschule gegangen war, war das zu managen. Im Endeffekt ist es ohnehin total geil, wenn du einfach nicht nachdenkst, wenn der Wecker läutet, du hievst den Körper hoch und zur Kaffeemaschine. Schon cool, irgendwie. Wie auch immer, der Wecker läutete also und wir machten uns fertig, aßen PowerBars, tratschten ein bisschen und bereiteten uns unten in der Lobby vor. Eine Stunde vorm Rennen stiegen wir in unsere Rollstühle. Es war noch etwas finster draußen. Und dann raus auf die Straße. Die Straßen waren für das Rennen abgesperrt.

Geil …

Wir wärmten uns auf. Nach 45 Minuten nahmen wir die Startaufstellung ein. Ich kann gar nicht richtig beschreiben, was da dann los ist. Wir Rollstuhlfahrer starten immer so fünf Minuten vor dem Rennen. Hinter uns türmten sich schon die Menschenmassen. 60 000 Läufer. Man konnte gar nicht sehen, wo diese Massen endeten. Zehntausende Zuseher. Die Helikopter kreisten über unseren Köpfen und warteten auf den Startschuss. Kurz vor dem Start hielt der Bürgermeister eine Rede und dann wurde noch die amerikanische Bundeshymne gesungen. Schon Freaks, diese Amis, aber irgendwie war das alles auch richtig überwältigend und besinnlich.

Die Aufregung stieg.

One minute to go …

Absolute Stille, man hörte nur die Helikopter in der Ferne kreisen. Man spürte die Aufregung der Athleten. Die Aufregung der Zuschauer. Und dann.

Peng.

Ab geht's!

Es war wie ein Befreiungsschlag. Alle hauten rein. Es ging einen Kilometer lang leicht bergauf, dann wieder zwei Kilometer Abfahrt. Diese Abfahrt war schnell, sehr schnell. Teilweise kam man auf bis zu 60 km/h. Und dann kann man es auf einmal gar nicht glauben.

Wo kommt dieser »Berg« her?!

Damit rechnet man in dieser Stadt nicht. Plötzlich hat man da quasi eine Wand vor sich stehen. Eine ewig lange Steigung, die darauf wartet, von dir erklommen zu werden. Da konnte ich nicht nachdenken. Ich schob einfach an, so viel ich konnte. Ich konnte es kaum glauben, dass der Tacho nur einstellige km/h-Werte anzeigte. Aber ich fuhr einfach. Ich spürte mich total, spürte, wie das Lactat in den Körper einschoss, und fuhr Kilometer für Kilometer, ohne dabei auf die Zeit zu achten. Einfach fahren, bis das Ziel kommt. Schließlich konnte man von Weitem schon ein etwas flacheres Stück erkennen.

Jetzt hat das Leiden bald ein Ende …

Endlich kam ich dort an. Und konnte es wieder nicht fassen.

Eine zweite Wand! Um nichts flacher!

Wieder kein Ende in Sicht. Ich dachte, dass ich jetzt auf keinen Fall zu denken anfangen durfte. Was blieb mir über.

Fahr weiter … Fahr einfach weiter …

Dann irgendwann ging es zwar immer noch bergauf, aber doch flacher. Der Tacho zeigte endlich wieder einen zweistelligen km/h-Wert an. Dann kam eine Linkskurve und es ging wieder bergab.

Was ist das denn für ein verrücktes Rennen?

Ich fuhr wieder einen hohen Speed und konnte von Weitem das Ziel erkennen. Ich nahm nicht einmal mehr meine Gegner wahr. Also, nur indirekt, weil niemand vor mir war. Somit musste ich Erster sein. Nein, Scherz beiseite. Ich hatte schon viel von diesem Rennen gehört, aber dass es *so* anstrengend sein würde, hätte ich mir nicht gedacht.

Dann raste ich durchs Ziel.

Wenn ich jetzt sage, dass das ein Wahnsinnsgefühl war, ist das wahrscheinlich schon ein bisschen langweilig, aber anders kann man das nicht beschreiben. Ich hatte auch noch dieses irrsinnige Rennen gewonnen. Dieses große Rennen. Ich hatte mich in die Siegerliste des wahrscheinlich größten Zehn-Kilometer-Straßenrennens auf der Welt eingetragen. Die World Series waren vorbei. Ich hatte sie gewonnen. Diesen Augenblick werde ich niemals vergessen. Mich durchströmte so ein extremes Glücksgefühl. Nicht nur, weil ich gewonnen hatte, sondern wegen so vieler verschiedener Komponenten. Diesen Ausblick, den ich da hatte, werde ich nie vergessen. Es war so gegen halb acht am Morgen, die Sonne ging gerade auf, ich fuhr durchs Ziel und sie schien mir entgegen. Das kann ich nicht vergessen.

Diese Farbe.

Dieses Gefühl …

Die Sonne brannte noch nicht richtig herunter, sondern wirkte so, als wäre sie gerade aufgewacht. So ganz zart leuchtend. Als ob sie mir zeigen wollte, dass sie da ist und wie schön sie ist, aber ohne mich zu belasten. Sie wollte nur da sein und für mich leuchten. Aprikosenfarben. Nicht orange, nicht gelb, nicht rot. Sondern aprikosenfarben. »Zweck erfüllt, aber mehr muss es noch nicht sein«, so in der Art, »und das heute mal nur für dich.« Und das war ein Geschenk von Gott. Das musste so sein.

Selbst wenn ich mir das jetzt nur einbilde, bilde ich mir das eben jetzt so ein.

Dieser Moment stand für mich still.

Schließlich versammelten sich alle Athleten im Zielraum und man spürte den ganzen Druck von sich abfallen. Nicht nur von diesem Rennen, sondern von der ganzen Serie an Rennen, die jetzt zu Ende gegangen war. Das Ganze endete mit einer riesigen Siegerehrung mit allen Eliteläufern und Rollstuhlfahrern des Straßenrennens in einem Park, in dem Tausende Leute gemütlich herumsaßen und teilweise sogar picknickten. Es war ja ein Feiertag und sie ließen es sich gut gehen und verfolgten ganz ungezwungen, aber interessiert die Siegerehrung. Und frühstückten. Total nett. Also, wenn man bei Tausenden von Leuten überhaupt von nett sprechen kann, aber diese Menschen waren wirklich entspannt und es war einfach nur eine schöne Zeit.

Reha-Zentrum Atlanta

Es fand dann noch ein kleines traditionelles Ereignis statt. Na ja, was heißt klein? Eine, wie ich finde, sehr wichtige Tradition. Eine, die sehr sinnvoll ist.

Einer der Sponsoren des Rennens war das Reha-Zentrum in Atlanta. Dort sollte die Siegerehrung der World Series stattfinden. Die Top Ten der Rennrollstuhlfahrer wurden dorthin gebracht. Clayton und ich plauderten schon die ganze Zeit miteinander und hatten Spaß. Und Hunger. Sie brachten uns dann aber schon ganz gestresst hinein, weil es irgendwie immer so ist, dass der Zeitplan im Endeffekt nie so aussieht, wie die Eventmanager sich das vorgestellt haben. Sie stressten uns am Buffet vorbei.

Wir haben Hunger … Schon vergessen?

Nix da! Später, später! Wir sind zu spät!

Nachdem wir uns bei den Rennen die Anstiege hochgequält hatten, »quälten« sie uns jetzt am Buffet vorbei.

Dann aber hinter der Bühne ewig warten.

Na, super.

Dann war es aber so weit. Wir wurden, angefangen beim zehnten Platz, einzeln auf die Bühne gerufen und saßen dann da. Ein großer Saal, überall Fernsehen, Leute, die wir nicht kannten. Wie soll es auch anders sein im Reha-Zentrum. Frische Querschnittsgelähmte. Irgendwie berührte mich das total. Ich fand das alles so toll, so sinnvoll. Die hatten sich echt etwas dabei gedacht. Die hatten uns da vorne hingesetzt, um den »Neuen« zu zeigen, dass es noch etwas gab. Dass es glückliche Menschen gab, die im Rollstuhl saßen. Dass man Sport machen konnte. Dass das auch honoriert wird, wenn man sich dafür entscheidet. Da sind uns die Amerikaner um Meilen voraus. Die denken sich wirklich etwas dabei. Ich sah mich selbst, wie ich noch vor einigen Jahren genauso dagesessen war und mit meinem Leben nichts anzufangen wusste. In vielen dieser Gesichter sah ich mein eigenes. Und heute saß ich auf der Bühne und gehörte zu den besten Rennrollstuhlfahrern auf der Welt. Also, eigentlich war ich an diesem Tag sogar der beste Rennrollstuhlfahrer auf der Welt. Das erfüllte mich mit so einer Freude und mir wurde bewusst, was man alles aus seinem Leben machen kann, wenn man es nur selbst in die Hand nimmt und auch daran glaubt. Und andererseits war ich ja auch so mit Demut erfüllt, weil ich das alles sein durfte, was ich war, und ich war Gott so dankbar dafür und war sogar fast von einem Unglauben daran erfüllt, dass das alles Realität war. Wahnsinn, was da durch mich durchging. Ich hatte so ein Bedürfnis, das weiterzugeben, von dem ich wusste, dass diese »Neuen« es auch noch durchmachen würden, und ich wollte ihnen zeigen, dass es ein erfülltes Leben für sie geben konnte. Ich spürte so eine Vollkommenheit und Kraft in meinem Inneren. Und andererseits spürte ich auch in vielen Gesichtern das, was ich mit ihnen gemeinsam hatte, was mich mit ihnen verband. Ich verstand, wo sie standen, dass sie noch keinen Ausweg sahen. Aber es ist möglich. Denn alles ist möglich, dem, der da glaubt. Ich hatte es ja am eigenen Leibe erfahren …

Als mir der Preis übergeben wurde, war ich so happy – *happy* ist eigentlich gar kein Ausdruck dafür. Ich hatte wieder einen Meilenstein erreicht, den mir keiner mehr nehmen konnte. Ein Meilenstein, der eine neue Ebene für mein Vorhaben sein konnte.

Nicht die amerikanische, sondern die österreichische Bundeshymne …

Und dann endlich …

… war das Buffet eröffnet!

Und wir führten noch sehr viele und gute Gespräche mit den Patienten dieser Reha-Klinik.

In memoriam Clayton Gerein: Fischen in Kanada

Meinen guten Freund Clayton Gerein habe ich ja schon öfter erwähnt. Dieses Kapitel will ich ihm widmen. Es enthält Erlebnisse und Erkenntnisse, die mein Leben sehr bereichert und beeinflusst haben.

Clayton und ich redeten oft übers Fischen. Ich meine, ich bin wirklich kein guter Fischer. »Nicht mal gut« ist gar kein Ausdruck dafür, wie ich fische. Aber das Fischen hat für mich auch eine andere Bedeutung. Es ist etwas Meditatives. Fischen ist ein Ausdruck, der aus einer innerlichen Haltung resultiert.

Und eines Tages, als ich gerade eine Zeitlang bei Clayton in Kanada war, hatte er eine Überraschung für mich. Er wollte mit mir für drei Tage wegfahren und fischen gehen.

Boah! Ja, geil, sicher! Klar! Ein Traum ... Ein Traum geht in Erfüllung. In Kanada fischen ...

Er hatte schon Monate zuvor im Norden von Saskatchewan eine barrierefreie Holzhütte angemietet und nun war sie frei. Wir packten unseren Kram zusammen und an einem Donnerstagnachmittag ging es los. Wir verabschiedeten uns von seiner Familie und seinem Hund. Und dann fuhren wir zum Auto. Von hinten. Als wir auf den Wagen zufuhren, krachten wir mit den Rollstühlen zusammen. Weil wir in dieselbe Richtung gefahren waren.

Was ist das jetzt?

Ich hatte eigentlich angenommen, dass ich auf der Beifahrerseite sitzen würde, aber dann fragte mich Clayton: »Willst du fahren?«

Waaah, geil!

Das war immer schon mein Traum gewesen, auf einem Highway zu fahren. Stevie Ray Vaughan oder Jimmy Hendrix zu hören und Bier zu trinken. Also, alkoholfreies Bier natürlich. So wie in den Filmen. In den Roadmovies.

Es konnte losgehen und wir fuhren dahin. *Pamm,* die Musik

aufgedreht und Stevie Ray Vaughan dröhnte uns entgegen. Unbedingt mal hören! Jimmy Hendrix muss ich, glaube ich, nicht erklären. Das ist so eine Musik, die dich automatisch den Ellbogen aus dem Autofenster rausstrecken und die rechte Hand am Lenkrad nach 10:30 Uhr wandern lässt, die Augenlider bilden einen leichten Schlitz, weil man zu blinzeln anfängt und in Gedanken schwelgt, und die Lippen bilden einen leichten Schmollmund. Das passiert einfach. Und dann noch ein Bier in der Hand. Da geht's nicht um das Bier generell. Bier ist so eine Männersache. Nicht, dass Frauen kein Bier trinken können ... Aber da geht es um so eine spezielle Kleinigkeit. Das ist wie ein Baumhaus für ein Kind. Eine Stunde im Badezimmer einsperren für Mädels. Meditation für einen Mönch. Eine Insel im Meer für einen Schiffbrüchigen. Oder eben einfach nur ein Bier – alkoholfrei wohlgemerkt, für einen Sportler, der Visionen hat und sie noch nicht erreicht hat – auf dem Weg zum Fischen.

Es war so geil. So schönes Wetter. Also, eigentlich brannte die Sonne herunter. Aber es soll ja auch ein bisschen romantisch klingen. Obwohl, nein, es war eben so: sauheiß.

Und da fuhren wir dahin. Wir saßen im Auto, augenzwinkernd und mit Schmollmund, und nickten mit dem Kopf mit dem Kraftaufwand einer demotivierten Fingernägel lackierenden Blondine. Mein Gott, war das geil. Wir fuhren in den Norden. Ich kannte mich ja nicht aus, aber ich sagte immer: »We are driving in direction Flin Flon«, weil ich im Atlas gesehen hatte, dass das die nächste größere Stadt in dieser Richtung sein würde. Zuerst war die Landschaft noch flach. Elendig flach. Clayton sagte immer diesen Spruch, den die Menschen in der Gegend oft verwenden, um ihr Land zu beschreiben: »You can see a dog run away for three days.« Es wurde immer schöner und schöner. Das Land fing an, sich zu schmiegen. Es wurde leicht wellig. Wie in der Wüste, wenn der Wind über die Dünen weht. Aber natürlich voll grün. Es gab immer mehr und mehr Bäume und das Geile war, dass die Zivilisation immer weniger und weniger wurde. Kaum Verkehr. Das ist das Tolle an diesen kleinen Highways. Man fährt so gemütlich seine 100 km/h dahin. Wobei ich das nicht wirklich verstehe, weil ich glaube, wenn die Straßen so pfeilgerade verlaufen, könnte man noch ein Nickerchen machen, wenn man sieht, dass jemand auf einen zukommt, und trotzdem könnte man noch rechtzeitig reagieren. Aber es ist nun mal so, dass 100 km/h die Geschwindigkeitsbegrenzung ist. Vielleicht ist das auch aus Umweltschutzgründen so. Aus Personenschutzgründen, glaube ich, wirklich nicht ...

Na ja. Und man kann sich super unterhalten. Clayton und ich plauderten viel und lernten uns noch besser kennen. Es war so schön. Jemanden, den man wirklich schätzt und mag, immer tiefer und näher kennenzulernen. Da wird ein Mensch erst so richtig lebendig. Nicht nur ein Körper, der neben dir her lebt, sondern ein Mensch, der eine eigene Geschichte hat und lebendig wird für dich, weil er denkt und fühlt und träumt ...

Clayton wusste natürlich nicht, dass ich nicht wusste, dass es mehr als bloß McDonald's und Burger King gab. Und ich war fasziniert, als ich immer wieder neue Burger-Ketten sah, von denen ich den Namen noch nie gehört hatte. Deswegen fuhren wir zu jedem dieser Läden ab. Ich hatte mir vorgenommen, alle verschiedenen Burger zu probieren.

Geh, leck ... Habe gar nicht gewusst, dass das so viele sind!

Aber es war wirklich lustig. Clayton sagte dann immer, wenn wir an einem neuen Laden vorbeikamen: »Thomas. Burger?« Und grinste. Das muss man echt einmal machen. Auch wenn das jetzt nicht gerade mein Lebensinhalt ist, aber diese Vielfältigkeit einmal auf sich wirken zu lassen und auszuprobieren, ist schon geil. Die schmecken ja wirklich alle unterschiedlich.

Die wunderschöne Landschaftskulisse wurde nur ab und zu von diesen Burger-Stopps unterbrochen. Ich war begeistert. Das hört sich jetzt sicher blöd an, aber ich spürte so eine Liebe. Das Land war so voller Energie. Es wurde langsam Abend, wir kamen immer weiter in den Norden und die Farben wurden noch intensiver. Alles so satt. So grün. Und trotzdem so intensiv. Nicht nur dunkel. Als wäre alles frisch in Acrylfarben dorthin gemalt und dazu so fliederfarbene Blumen auf den Wiesen, oder dunkel-lila. Wir sahen immer mehr Bäume und am Horizont tauchten vereinzelt kleine

Wolkenhaufen auf, die wie eine Lupe und farbintensivierend für die dunkel-gelb-rote Abendsonne wirkten, und der Horizont strahlte dermaßen, dass es dich fast umhaute. So geil war das. Ich wollte den Blick am liebsten aufsaugen und ich habe ihn heute noch vor mir, wenn ich daran denke.

Bald wurden die Bäume immer mehr und der Highway führte durch einen dicht bewachsenen, riesigen Föhrenwald, wo die Seen sich langsam in den Lichtungen auszuweiten anfingen. Das war einfach überwältigend, diese dichte und fast unendlich scheinende Natur. Und das Geilste war, dass uns alle dreißig Minuten mal ein Lastwagen entgegenkam. Sonst nichts. Und die Stromleitungen waren keine gigantischen Überlandleitungen, sondern einfach Kabel auf Holzmasten, wie man das von kleinen Dörfern kennt.

Nach ungefähr sechs Stunden Autofahrt und sieben verschiedenen Burgermeals und acht Dosen (immer noch alkoholfreiem) Bier tat sich dann eine Lichtung auf und Clayton sagte, dass ich dort vorne links hineinfahren sollte.

Da war es.

Ein kleines Blockhüttengefüge mit vier Hütten. Wir parkten und da waren auch schon Rick, einer meiner kanadischen Freunde und Kontrahenten, und Mike, ein kanadischer Nationalrollstuhlrugbyspieler. Mike war sehr hoch gelähmt, aber ein richtig cooler Typ. Lustig und mit so einem supersympathischen, sarkastischen, nicht aufdringlichen Humor.

Rick und Mike waren schon am Vortag angereist und hatten auf uns gewartet. Ich freute mich sehr, sie wiederzusehen.

Das Irre an der Sache war, dass der Typ, dem diese barrierefreien Holzhütten gehörten, blind war. Aber er kannte sein Anwesen auch blind. Er begrüßte uns und checkte uns ein. Die Blockhütten waren richtig geil. Also, nicht in dem Sinne, dass sie voller Schnickschnack gewesen wären, sondern im Gegenteil: Da war einfach nichts. Nur Strom für das Licht. Kein Fernseher, kein Radio. Strom empfinde ich schon als Luxus, aber dort lernte ich ihn noch mehr schätzen. Weil eben nicht einmal Strom selbstverständlich ist. Oder sein sollte. Also empfand ich ihn dort in dieser Hütte als … *wow* …

Wir setzten uns noch eine Weile zusammen und plauderten ein

bisschen. Und dann gingen wir früh ins Bett. Denn am nächsten Tag hieß es früh aufstehen und den ganzen Tag fischen gehen.

Der nächste Morgen kam. Frühstücken, wenn ich nicht trainieren muss, gefällt mir total. Da brauche ich eigentlich nur einen Kaffee. Und in Kanada wird viel Kaffee getrunken. Ich mag das Essen in der Früh nicht wirklich, wenn ich weiß, dass ich nicht viel davon verbrennen werde. Das legt sich dann alles an und man muss es wieder wegtrainieren. Und interessanterweise habe ich in der Früh nie wirklich Hunger. Also machten wir uns Sandwiches und packten sie ein. Und natürlich Bier, auch alkoholfreies …

Der Typ, der uns die Blockhütten vermietet hatte, hatte einen Bruder, der uns ein kleines Vier-Mann-Motorboot auf einem Trailer zur Verfügung stellte, es uns vermietete. Er lieferte es uns, wohin wir wollten. Wir. Die vier Musketiere. Alle im Rollstuhl. Wir fuhren zu einer Lichtung, wo sich ein riesiger See auftat. Und mit »riesig« meine ich wirklich RIESIG. Gigantisch! Die Kanadier haben eben mehr Platz und somit hatte Gott ihnen wohl die größeren Seen geschenkt.

Der Bruder des Vermieters brachte das Boot ins Wasser. An einem Steg. Wir fuhren mit zwei Autos dorthin. Rick mit Mike und Clayton mit mir. Wir parkten und dann ging es einen kleinen, ungefähr drei Meter langen Abhang hinunter. Das war ein Schotterhügel, wo auch große Steinbrocken herausragten. Die Angeln nahmen wir unter den Arm, die Fischerkisten und den Proviant stellten wir uns auf den Schoß. Man darf nicht vergessen, dass wir Rollstuhlfahrer waren! Wir hatten also keine Hand frei. Wir mussten uns nach hinten kippen und auf zwei Rädern den Abhang hinunterbalancieren, voll bepackt. Wenn da irgendetwas schiefgeht, lernt man das Fliegen. Aber wir brachten alles heil nach unten. Hinunter geht es leichter, das schafft man immer irgendwie …

Der Bruder des Vermieters half Mike, dem »Behindertsten« von uns, ins Boot und wir kletterten hintennach hinein. Mein Gott, so lustig. Vier Krüppel auf einem Boot. Ganz allein. Der Mann fragte uns noch, ob alles in Ordnung wäre und ob er uns allein lassen könne.

Kein Problem!

Wir wollten los. Rick startete die Kiste und wir fuhren hinaus.

Mein Gott, ist das geil!

Es war so schön. Der Himmel strahlend blau, die Sonne brannte auf uns herunter. Ich hatte so ein Freiheitsgefühl. Da die Jungs ja Profis waren, wussten sie, an welche Stelle man fahren sollte, wo etwas beißen konnte.

Und dann saßen wir da. Jeder hatte seine Angel in der Hand und ich ließ mich in die Welt des »kanadischen Profifischens« einführen. Rick und Clayton erklärten mir alles. Und Mike saß am Bug des Bootes und war schon voll im Geschäft. Ich konzentrierte mich wie immer auf meine Sache und war voller Hoffnung. Und dann zuckte es. Aber nicht bei mir. Sondern bei Mike. Er hatte den ersten Fisch gefangen.

Na ja, sei's ihm gegönnt! Ist ja eh so ein armer Hund …

Er war schließlich noch höher gelähmt als wir, konnte seine Arme nicht wirklich bewegen, und saß da vorne im Bug eingekeilt. Jeder gönnte ihm den ersten Fang. Der konnte ja nicht einmal selbst den Fisch vom Haken nehmen, weil er überhaupt keine Fingerfunktion hatte. Wir freuten uns also mit ihm und schon ging es weiter. Rein mit dem Köder.

Nach einer Zeit biss wieder einer an. Wieder bei Mike! Wieder dasselbe Prozedere.

Kann einem echt leidtun, so ein Krüppel … Sei's ihm gegönnt …

Also freuten wir uns wieder alle mit ihm. Wir saßen da. Clayton tat den Fisch vom Haken und wir warteten weiter. Und Mike warf wieder aus. Stille. Auf einmal biss wieder einer an.

Hmmm …

Wieder bei Mike!

Das gibt's ja nicht! Was mache ich denn falsch?

Nun ja. Mundwinkel nach oben und sich freuen. Ich wartete. Mike warf wieder aus. Da saßen wir. Nach drei Minuten. Der nächste Biss. Fisch am Haken. Aber nicht an meinem Haken. Schon wieder an Mikes.

Das gibt's ja nicht!!

Jetzt fing er schon an zu lachen und vorbei war's mit dem Mitleid und der scheinheiligen Gönnerei.

Der Kampf ist eröffnet … Ich will auch einen fangen!

Nach und nach fingen auch Rick und Clayton ihre Fische. Aber bei mir biss keiner an. Mike zog einen nach dem anderen an Land. Der kaputteste Typ fing die meisten Fische. Zehn oder elf Stück! Wir hatten ja nicht einmal Ruhe im Boot. Kaum war einer gefangen, hatte Mike schon den nächsten an der Angel. Ich hätte mich schon darüber gefreut, wenn ein Fisch nur ein bisschen an meinem Haken getestet hätte. Aber nichts. Null. Nada. Da war ich echt ein bisschen frustriert. Aber so ist es beim Fischen … Da geht es nicht um Leistung. Es geht nicht darum, wie groß oder stark man ist. Ob man schwer oder gar nicht behindert ist. Es passiert einfach oder es passiert nicht. Man kann nur dasitzen und hoffen und man muss lernen zu akzeptieren. Da hilft es dir nichts, wenn du eine superheiße Braut bist oder eine Million Euro auf deinem Konto hast. Das ist dem Fisch egal.

Na ja. Fische hatten wir irgendwann genug gefangen, und das, was ich vorher geschrieben habe, habe ich nicht so wirklich ernst gemeint, eher neckisch. Klar habe ich Mike seine Fänge gegönnt, aber als Mann macht man es sich eben lustiger, wenn man die ganze Sache in eine kleine *competition* verwandelt. Damit es nicht zu romantisch wird. Wir waren eben Männer. Männer haben unter sich eine eigene Romantik und Männer trinken eben, wenn's gerade passt, Bier. Das ist Männerromantik.

Die drei beschlossen jedenfalls, um mich nicht weiter zu deprimieren, dass wir mit dem Fischen aufhören sollten.

Sonst geht das Boot mit Mikes Fischen noch unter …

Wir tranken also Bier und cruisten mit dem Boot ein bisschen durch die Gegend. Mein Gott! Das war's … Das war der Wahnsinn. Wir fuhren da auf dem See. Diesem riesengroßen See. Die Farben waren so satt, so satt, ich konnte gar nicht glauben, dass es so etwas noch auf unserer Erde gab. Das soll jetzt nicht überromantisch klingen, es ist einfach wirklich unfassbar, dass es auf unserer Welt so eine unberührte Natur gibt. Links und rechts vom See erstreckten sich die Wälder, so weit das Auge reichte. Und Felsen und Vorsprünge, von denen man runterspringen konnte. Und dann waren da mitten im See kleine Inseln mit Wiesen und Moosuntergründen und Bäumen darauf, wo man sich vorstellen konnte, eine kleine Hütte zu haben, um der Welt zu entfliehen. Dass einen da niemand stören würde, ideal, um romantische Stunden mit seiner Liebsten zu verbringen. Und dann wurde der See schmaler und links und rechts sah man die Klippen und es wurde immer enger und enger. Wir fuhren durch diese Engstelle. Und was sahen wir … Es geht wieder auf! Wieder eine Weite aus Wäldern und Felsen und Inselgrüppchen. Mein Gott, das war einfach geil. So geil …

Wir fuhren dann zu einer von den Inseln, wo ein bisschen Schatten war. Mitten im See so eine schöne Insel. Da war sicher noch nie jemand. Sie hatte so eine Anziehung. Sie stand in ihrer vollen Pracht da. Und wir machten unter der Felsbucht Halt. Warfen den Anker und verschnauften. Ließen das alles auf uns wirken.

»Beer?«

»What the hell, sure!«

Da saßen wir. Lehnten uns zurück, mit unserem Bier in der Hand. Ich mit meinem Kinderbier.

Wir saßen alle ziemlich entspannt herum. Man konnte nichts hören. Also, mit nichts meine ich Lärm oder Geräusche, die man aus unserer zivilisierten Welt so kennt: Autos, Flugzeuge, Musik, was auch immer …

Was wir hörten, war etwas ganz anderes. Etwas viel Lauteres, das aber gleichzeitig auch viel leiser ist. Etwas, das in die Seele geht. Ins Herz. Als wir dasaßen und ganz aufmerksam lauschten … Da hörten wir das Atmen der Natur. Wir konnten spüren, wie die Schwingung des Wassers, des Waldes, des Windes eins mit uns wurde. *Wir* wurden eins. Es war fast nicht auszuhalten. Wenn man hätte weinen müssen, dann in diesem Moment. Wir hörten auch Tiere im Wald, sahen sie aber nicht. Ich stellte mir vor, dass dort drin Bären durch die Gegend liefen. Vielleicht sogar Wölfe. Ich lehnte mich zurück, schloss die Augen und saugte alles auf. Weil es so intensiv war. Ich musste sie aber bald wieder öffnen, weil ich glaubte, dass ich das alles nur träumte. Und nix da. Es war immer noch hier.

Ich will jetzt schwimmen gehen. Rein in diesen wunderschönen See. Den unendlich scheinenden Moment mit all seiner Tiefe und in all seinen Facetten in mich aufsaugen. Ihn körperlich spüren …

Ich schmiss mich ins Wasser. Schwamm ein bisschen und drehte mich auf den Rücken. Ein paar Tropfen spritzten mir ins Gesicht und ich blinzelte. Da flog ein Adler über die Bucht. Ich schmolz dahin, nicht nur weil es extrem heiß war, sondern weil ich diesen Flügelschlag hören konnte …

Fapp … fapp … fapp …

Und ich hatte das Gefühl, vollkommen eins mit diesem Moment zu sein. Nicht nur mit diesem Moment. Mit der Natur, mit diesem Adler, mit dem Wasser, mit dem Wald. Ich lag einfach im See und ließ alles auf mich einprasseln. Saugte alles auf.

Dann hatte ich plötzlich wieder Wasser im Gesicht. Ich ließ mich zu sehr gehen. Ich verschluckte mich und war wieder der Thomas, der mitten in Kanada in einem See im Wasser herumtreibt.

Wie groß sind denn die Hechte hier? Sicher größer als die, die bei uns herumschwimmen …

Man hörte ja immer wieder mal so Storys, dass ein Hecht an einem Menschen herumgeknabbert hat. Da wurde mir plötzlich ein bisschen mulmig und ich wollte wieder auf das Boot. Wir waren ja hier wirklich irgendwo in der Pampa. Dadurch, dass dieses Seengebiet so verzweigt war, würde man uns nie mehr finden, wenn etwas passieren sollte. Wir waren ja nicht in irgendeinem Swimmingpool, wo man sehen konnte, wenn jemand »verloren« ging. Ich schwamm wieder zum Boot zurück und Rick und Clayton halfen mir hinein.

Ich werde diesen Moment im Wasser nie vergessen.

Wir beschlossen, zum Steg zurückzufahren.

Das Bild sah aus der Ferne echt super aus, wie wir da auf diesen Steg zusteuerten. Fast ein bisschen makaber. Das muss man mal versuchen, sich bildlich vorzustellen: Man ist mitten in Kanada und dann fährt man in eine Bucht hinein. Und sieht da einen Steg. Und was sieht man darauf? Vier Rollstühle. Aber ohne Menschen darin. Wo sind die? Sind sie ertrunken? Hat man sie entführt? Wir mussten laut lachen. Dann legten wir schließlich an. Wir halfen Mike und räumten das Boot aus. Bis wir dann endlich auf dem Steg saßen. Und weil wir nicht zu viel schleppen wollten und noch Bier übrig war, öffneten wir uns noch eines und warfen noch ein letztes Mal den Köder aus. Schauten auf den See. Der Abendsonne entgegen. Ich will ja nicht dauernd schwärmen, aber das war vielleicht ein Ausblick! Unfassbar … Dunkelorange bis rot. Ein Feuerball. Eine leuchtende Kugel. Das sind Farben, die man sonst nicht so intensiv sieht. Man sieht sie, sie sind Realität, aber man könnte sie niemals so malen. Die Sonne war schon zur Hälfte in den See getaucht und spiegelte sich an der Oberfläche. Man roch das Wasser und es roch schon ein bisschen modrig, die Luft wurde schwül …

Und von einem Moment auf den anderen wurde es am Horizont richtig schwarz. Wir dachten noch: »Das geht aber schnell mit dem Einbruch der Dunkelheit …« Aber als diese Schwärze wie eine Wand auf uns zukam, wussten wir, dass das ein riesiger Moskitoschwarm war. Ich meine, ich hatte keine Zeit und Lust zu zählen, wie viele es waren, aber sicher Tausende.

Geh, leck!

Panik.

»Fuck, quick, mosquitos! We have to leave!!«

Pamm …

Das war der Wahnsinn. Die sind von einer Sekunde auf die nächste hierhergebeamt worden. So kam es uns vor. Stiche, dauernd, überall. Gott sei Dank mussten wir uns nur auf das Erschlagen bei den oberen Extremitäten beschränken. Aber wir hatten ja auch noch unser ganzes Zeug. Wir mussten flüchten. Und uns dabei aber gleichzeitig auch dauernd ins Gesicht und auf die Arme schlagen. Es war schwarz. Schwarz vor lauter Insekten. Ich hatte das nur aus Filmen gekannt und gedacht, dass Moskitos so etwas wie Gelsen wären. Und die waren ja schon lästig! Aber das hier waren tausend kleine Biester, die nur ein Ziel hatten: uns den Stachel ins Fleisch zu rammen und uns wie Vampire das Blut aus den Adern zu saugen. Wir schlugen wild mit den Armen umher und schnappten gleichzeitig unser ganzes Angelzeug und die Fische. Wir wollten zu den Autos. Wir mussten schnell weg. Aber da war dieser steile Anstieg. Dieses drei Meter lange Gefälle. Aber diesmal nach oben! Es war richtig steil … Und wie schon erwähnt: Schotter. Und Steine, die herausragten. Wenn man im Rollstuhl sitzt, ist das schon ein Wahnsinn, da raufzukommen. Und dann war da ja auch noch Mike, der noch schwerer behindert war als wir, und wir taten uns dabei schon schwer genug. Das ganze Zeug! Die Fische, die Angeln, das Zubehör.

Oh Gott. Müssen wir jetzt hier sterben?

Man kann sich, glaube ich, gar nicht vorstellen, was man da für eine Panik bekommt. Die Scheißviecher kann man ja kaum verscheuchen. Die kleben an einem dran und saugen und saugen. Den Rollstuhl antreiben und gleichzeitig die Arme benutzen, um zwischendurch mal herumzuschlagen. Wir drehten fast durch. Rick kam irgendwie den Anstieg hinauf, dann Clayton und ich und schließlich zogen wir Mike noch am Rahmen seines Rollstuhls hinauf, als er in Reichweite war. Wir fuchtelten wild herum und schmissen alles hinten auf die Pick-ups. Schnell kletterten Rick und Mike ins Auto und Clayton und ich warfen ihre Rollstühle auf die Ladefläche. Dann hievte ich mich nach oben und zog den Rollstuhl hintennach. Jetzt musste ich fast lachen. Wahnsinn, diese Panik. Die Kiste wurde angeworfen und mit durchdrehenden Reifen rasten wir aus der Bucht durch den Wald. Wie in einem Zeichentrickfilm muss das ausgesehen haben. Ich hinten auf der Ladefläche und ein Schwarm Moskitos hintennach, wie wenn der Rauch aus einem Kamin kommt, aber genau anders herum …

Nach fünf Minuten kamen wir bei der Hütte an.

Schnell rein! Schnell!!

Der Puls befand sich noch im maximalen Bereich. Rein in die Hütte und Türe zu. Dann saßen wir da. Schauten uns an und mussten voll loslachen. Was da gerade abgegangen war! Und wir dachten, dass jetzt alles vorbei war. Dann musterten wir uns und Rick schaute auf Claytons Beine. Der Anblick haute uns fast um. Die Beine waren *schwarz*. Überall klebten die Moskitos auf seiner Haut. Rick klatschte sie herunter, so gut es ging. Clayton hatte richtig blutrote Beine. Wir sahen alle aus, als hätten wir gerade ein Kettensägenmassaker überlebt. Überall klebte das Blut, an den Beinen, im Gesicht …

Wir hatten uns diese Scheißviecher in die Hütte geholt.

Auf einmal kam das Jucken zurück. Rick hatte Räucherkerzen dabei, genau für diesen Zweck. Da haben wir nicht gespart, sondern zündeten gleich einmal drei Stück an. Wir wollten die Hütte ausräuchern. Hinaus konnten wir nicht mehr. Ich war mir sicher, dass die Moskitos vor der Hütte warteten und über uns hergefallen wären, wenn wir die Tür geöffnet hätten. Wir untersuchten unsere Körper gründlich und sprühten uns mit Ungezieferspray ein. Dann legten wir uns ins Bett und wickelten uns in die Decken ein, um erst mal zu verschnaufen. Immer wieder hörte man ein Summen, diese Viecher fanden jede kleine Lücke, um an unsere Haut zu kommen. Ich rollte mich so fest in die Decke ein, dass nur ein kleines Loch bei meinem Mund offen blieb, durch das ich atmen konnte.

Das war so schräg.

Aber auch so lustig!

Wir fingen immer wieder an zu lachen, weil das so ein geiles Erlebnis war. Das Lachen wurde nur von Zeit zu Zeit von einem stechenden Moskito unterbrochen. In der Bude qualmte es schon so richtig. Wie in einer Räucherkammer. Gott sei Dank war der Besitzer blind, sonst hätte er bestimmt die Feuerwehr gerufen. Irgendwann entspannte sich die Lage und wir kamen aus dem Lachen nicht mehr raus. So lustig war das …

Na gut.

Das ging auch vorbei und wir »leckten unsere Wunden«.

»Hungry? It's time for supper!«, sagte Clayton. Wir gingen hinaus und luden die Trucks aus. Holten die Fische und gingen in einen Raum, wo man die Fische zerlegen und waschen konnte.

Ich hasste das ja eigentlich. Tiere zerlegen. Aber ich wusste, das muss sein. So bekommt man einen Bezug zur Natur. Man tötet nicht einfach wahllos, sondern erlegt nur das, was man braucht, um sich am Leben zu halten. Man bekommt einen Bezug zu seinem Essen. Viele essen Burger und Steaks und was weiß ich, was noch alles, haben aber keine Ahnung, wo das Fleisch herkommt. Klar wissen sie, dass es Fleisch ist. Aber dass dieses Rindfleisch einmal eine Kuh gewesen ist, die auf der Weide gegrast hat und die man pflegen und füttern musste, verdrängen viele. Es ist ihnen nicht bewusst. Früher hat man ja alles verwertet, heute schmeißt man Teile vom Tier einfach weg, weil zum Beispiel zu viel Fett dran ist. Früher hatte man noch mehr Respekt vor dem Tier, man wusste, was man alles investieren musste, um diesen Fleischhaufen schließlich vor sich auf dem Tisch zu haben. Jetzt will man aber ein wunderschönes, fettfreies Filet auf seinem Teller sehen und alles andere wird als Abfall bezeichnet. Und gleichzeitig regen sich irgendwelche verwöhnte Menschen auf und machen scheinheilig Werbekampagnen für Tierschutz und artgerechte Haltung. Es *ist* scheinheilig. Das resultiert aus unserem übermäßigen Konsumverhalten. Wenn wir bewusster mit dem umgehen würden, was wir zur Verfügung haben, dann bräuchten wir nicht so viel von allem und man könnte qualitativ und trotzdem billiger produzieren. Diese Konsumwelt ist einfach nur verlogen. Das ärgert mich richtig. Scheinheiliges Theater …

Ich war begeistert davon, wie Clayton die Fische zerlegte. Wie er sie aufschnitt und filetierte. Mit seinen Würstelfingern. Er hatte das sicher schon Hunderte Male gemacht, weil ihm das so selbstverständlich und ohne nachzudenken von der Hand ging. Jeder Griff saß. So ein richtiger Mann. So bodenständig. So ursprünglich. Das, was man isst, bereitet man auch selbst zu. Da würde jeder Bissen besser schmecken als bei McDonald's, so viel war klar. Ich schaute ihm genau zu. Wollte sehen, wie er das machte. Ich wollte das lernen. Und er erklärte und zeigte mir alles und dann filetierte auch ich ein paar Fische. Da war er kurzfristig nicht nur ein Freund, sondern auch wie ein Vater zu mir. Ich konnte mich ihm unterordnen. Er hatte einfach so eine Art … So demütig und respektvoll anderen gegenüber, aber trotzdem so bodenständig autoritär. Man konnte nicht anders, als alles, was er einem sagte oder zeigte, anzunehmen. Für diese Art bin ich ihm so dankbar und dieses Gefühl wird nie aus meinem Herzen verschwinden.

Nun ja, weg mit der Romantik. Wir sind ja Männer! Aber trotzdem muss ich sagen, dass wir einfach wussten, wie wir miteinander umgehen sollten, und wir schätzten einander sehr. Von Liebe darf ein Mann ja nicht sprechen …

Dann wuschen wir die Fische und gingen wieder in die Hütte.

Panierten sie, ganz ohne Ei, einfach nur mit Mehl. Und schmissen sie in die Pfanne. Der Tisch war nicht so dekoriert, wie das eine Frau normalerweise machen würde, nein, einfach nur Teller und Bestecke. Und Bier. Ein Männerfischertisch.

Mein Gott, das war der beste Fisch, den ich jemals gegessen habe. Vielleicht wäre er in einem Haubenrestaurant feiner auf die Geschmacksknospen der Gäste abgestimmt gewesen, aber dieser Fisch war einfach etwas ganz Besonderes. Es war unser selbst gefangener, erlegter, zerlegter, filetierter und zubereiteter Fisch. Natur pur und bei jedem dieser Schritte war ich selbst dabei gewesen. Na ja, außer beim Fangen …

Es war so schön und ich spürte wieder voll das Leben. Dass alles eins war. Und dass diese Fische uns gegeben worden waren und dass wir sie mit Würde behandeln sollten, weil sie uns am Leben hielten. Genauso wie das Wasser und die Luft und die ganze Natur, die uns umgab. Wenn man sie mit größtmöglichem Respekt behandelte, konnte man sie auch ohne schlechtes Gewissen in ihrer Unendlichkeit genießen. Sehr philosophisch, nicht? Aber das spürte ich so richtig … Das war einer der schönsten und tiefsten Augenblicke in meinem Leben. Wir saßen stundenlang da und tranken Bier. Ich immer noch alkoholfreies. Aber das machte gar nichts. Dann wurde eine Whiskeyflasche geöffnet und wir redeten immer mehr. Mein Englisch war ganz okay und ich konnte mich immer mitteilen. Aber was an diesem Abend passierte, war wieder so eine Art Knackpunkt in meinem Leben. Ich verlor die Hemmung beim Sprechen, die ich immer hatte, wenn ich Angst hatte, nicht die richtigen Worte zu finden. Ich dachte nicht an das, woran ich normalerweise dachte, etwa: »Wie heißt dieses und wie heißt jenes?« Ich redete einfach. Ich versuchte nicht mehr, die richtigen Worte zu finden und einen perfekten englischen Satz zu formulieren, sondern ich umschrieb einfach die Dinge, die mir gerade nicht einfielen und die ich aber sagen wollte. Die ich fühlte. Ich sprach ein ganz eigenes Englisch. Kein perfektes Oxford English. Meines war eher *Gefühlsenglisch*. Wir waren alle eins miteinander. Ich kam auf eine andere Ebene und überwand diese Grenze, ab der man mich nicht mehr verstand. Ich redete einfach vor mich hin. Mein Gefühl veranlasste mich einfach dazu, mit diesem Moment eins zu werden, und niemand musste noch überlegen. Es passierte einfach. Oft mussten wir nicht einmal weitersprechen, weil wir uns auch ohne Wort verstanden. Das, was Clayton und ich zusammen hatten, also, von der Sprache her ... das nannten wir *language of the heart.* Wenn man im gleichen Moment ist, dann versteht man das. Da braucht es keine Worte, es gibt auch keine Sprachbarrieren. Ich glaube, das kapierten schon die Steinzeitmenschen. Die murmelten ja auch nur irgendetwas und lebten zusammen. Vielleicht ist es oft auch besser, nicht zu sprechen, sondern einfach nur zu *verstehen.* Und das taten wir. Wir verstanden den anderen zu hundert Prozent. Und zwar perfekt. Und dann ist es auch perfektes Englisch.

Wir saßen bis spät in der Nacht herum und es war einfach nur genial. Das hört sich jetzt vielleicht ein bisschen schwul an, aber das war die geilste Nacht, die ich je mit ein paar Jungs erlebt habe!

Irgendwann gingen wir dann ins Bett. Wir hatten noch einen Fischertag vor uns, das Boot hatten wir auch noch gemietet. Aber eigentlich hatte ich die Sache mit dem Fischen schon abgehakt. Bei mir ging es ja nur darum, mit den Jungs im Boot zu sitzen und zu plaudern und dabei den Köder ins Wasser zu schmeißen. Jedenfalls redete ich mir das ein.

Weil eigentlich würde ich schon gerne einen fangen ...

Am nächsten Morgen beschlossen wir, einen anderen See aufzusuchen. Ich war gut gelaunt und die anderen auch einigermaßen, obwohl sie ihr Haustierchen, den Kater, mit sich herumschleppten. Wir schlürften unseren Kaffee und planten den weiteren Tagesablauf. Sie bekamen fast ein bisschen Mitleid mit mir, weil ich noch keinen einzigen Fisch gefangen hatte, und hofften, dass es heute klappen würde. Ich meine, sie wollten mir eben ein unvergessliches Kanada-Fischer-Wochenend-Erlebnis bereiten. Aber das lag natürlich nicht in ihrer Hand. Ich merkte nur, dass sie es mir extrem gegönnt hätten. Ich wollte einfach mit diesem Gefühl nach Hause zurückkehren, dass ich in Kanada zumindest einen Fisch gefangen hatte. Man kann ja wohl kaum jemandem erzählen, dass man zwei Tage lang in Kanada fischen war und dass das eines der geilsten Erlebnisse im Leben gewesen ist, und wenn man dann gefragt wird,

»und wie viele Fische hast du gefangen?«, und man sagt drauf, »keinen!« – na, super …

An diesem Tag regnete es wie aus Kübeln.

Na, toll. Da wird's wieder nichts mit dem Fischefangen …

Aber die Kanadier sind wilde Hunde. Ich hatte oft das Gefühl, dass sie umso motivierter waren, je schlimmer das Wetter war. Motiviert, sich den Umständen zu stellen.

»*Nix*. Es wird gefischt.«

»What the fuck …«

Also fuhren wir zum See und machten wieder dasselbe Prozedere mit unseren Rollstühlen durch. Es regnete zwar wirklich heftig, aber es war echt geil. Man musste einfach nur die Umstände hinter sich lassen.

Jeder kennt die Situation: Regen ist ja eigentlich nass.

Man macht sich gerade fertig für ein Date und schaut noch einmal, ob alles passt. Klamotten, Frisur … Dann trifft man sich mit seinem Mädchen und verbringt einen schönen Abend zusammen. Man geht auf einem Feldweg spazieren. Weit und breit keine Häuser. Nichts. Auf einmal, so schnell kann man gar nicht schauen, fängt es an zu schütten. Man möchte seine Kleidung schützen. Die Frisur retten. Und auf einmal legt sich ein Schalter im Kopf um und man denkt: »Ach, was soll's. Es ist Regen. Einfach nur Wasser.« Man fängt an zu lachen. Schaut nach oben. Streckt die Arme in die Höhe und beginnt zu tanzen. Man lässt sich die Situation nicht vermiesen, sondern stellt sich den Umständen. Nein, man dringt durch sie hindurch und streckt sich nach oben aus und belächelt sie, ignoriert sie. Man konzentriert sich nur noch auf das Leben. Auf das, was man eigentlich machen wollte, nämlich Zeit mit seinem Mädchen zu verbringen. Man kann die Umstände zwar nicht ändern, aber man kann noch immer seine Wünsche erfüllen. Das ist dann der perfekte Zeitpunkt, um sein Mädchen zu küssen …

… Und ich küsste diesen Moment. Wir gingen fischen. Sollte es eben regnen, so viel es wollte.

Ich will Fische fangen! Wir sind in Kanada und haben ein Boot. Wer hat schon diese Möglichkeit? So eine geniale Zeit mit seinen

Freunden zu verbringen und mit einem Motorboot über einen gigantischen See zu fahren …

Wir fuhren mit Vollgas hinaus und gegen die Wellen an, das Wasser prasselte auf uns herunter. Wenn man ihn erst einmal angenommen hat, kann Regen richtig geil sein. Wir sahen eine Bucht und fuhren langsamer. Da war es ein bisschen stiller. Wir begannen mit dem Schleppen. Dafür musste man die Angel auswerfen und die Schnur fixieren, dann fuhr man langsam mit dem Boot weiter. Die Fische sollten den Köder verfolgen …

… und bitte, bitte, endlich einmal anbeißen, bitte, bitte …

Fischerkönig Mike war natürlich auch dabei. Nach drei Minuten Schleppen biss einer an. Und dreimal dürfen Sie raten, bei wem …

Nein, falsch!

Bei *mir*!!

Ich konnte es gar nicht glauben. Ein Fisch hatte angebissen. Wenn ich jetzt daran denke, fange ich an zu strahlen und werde wieder ganz aufgeregt. Das fühlte sich so gut an. Die Jungs fingen an zu applaudieren und sangen mir eine ironische Triumphhymne. Falls es der erste und letzte sein sollte … Nein, Clayton freute sich wirklich mit mir. Er sah in meinen und ich in seinen Augen, dass es um mehr ging, als einen Fisch zu fangen. Es ging ums Ganze. Ich zog den Fisch ins Boot und Clayton zog ihm den Haken aus dem Maul. Weil ich da immer noch Hemmungen hatte. Ich war so aufgeregt. Wir fuhren weiter und jeder konzentrierte sich wieder auf sich, auch Mike. Ich befestigte den Köder und ließ ihn wieder ins Wasser. Und nach kurzer Zeit biss wieder einer an. Und jetzt dürfen Sie wieder raten, bei wem …

Nein, wieder falsch.

Wieder bei mir!

»Hey, Thomas, what's going on here?! Lucky today?«

Wieder freuten sich alle mit mir. Damit es schneller ging, zog wieder Clayton den Haken aus dem Maul. Und schon warf ich den nächsten Köder aus. Nach fünf Minuten – ich will's mit der Spannung nicht übertreiben – hatte ich den nächsten an der Angel. Ich war überglücklich. Clayton meinte, ich sollte über meinen Schatten springen und diesmal den Haken selbst rausziehen. Damit ich es lernte. Ich sprang also und tat es. Es ging. Ich drehte den Haken heraus und bekam dadurch noch größeren Respekt vor dem Tier.

Nun ja. Nach und nach fingen auch die anderen ihre Fische. Sie bissen super an diesem Tag. Was soll ich sagen. Dieser Tag, der mit so einem miesen Wetter angefangen hatte, wurde einfach nur großartig. Und ich hätte ihn nie erlebt, wenn ich mich den Umständen gebeugt hätte und eine »Hutschikutschi-huch-es-ist-nass«-Einstellung gehabt hätte. Ich fing elf Fische. Wie konnte das sein? Elf! Am Vortag keinen einzigen und nun die meisten von allen. Das ist Fischen. Einmal läuft es und einmal nicht. Das wurde mir bewusst. Es ist so wie im Leben. Man darf nicht gleich aufgeben. Einfach mal machen und abwarten. Aber immer sein Bestes geben. Man muss nicht immer *der Beste sein*, sondern immer *sein Bestes geben*. Dann kann etwas Großartiges passieren …

Abschließend möchte ich noch eine kleine Hymne auf das Fischen im Allgemeinen halten. Ich meine, ich bin jetzt nicht so der große Fischer, aber es gefällt mir total. Für mich ist das so eine Sache, wo man unter Jungs sein kann, quatschen kann und dabei eine Beschäftigung hat. Und ich finde das Fischen auch generell super, weil es einen hohen psychologischen und pädagogischen Wert für mich hat. Man wirft den Köder aus und ist dabei in der Erwartungshaltung, dass irgendwann ein Fisch anbeißt. Aber es geht nicht nur um den Fisch. Also mir zumindest nicht, weil es auch darum geht, dass man etwas erreichen will, das man zielgerichtet erwartet. Man hat sich für etwas entschieden und wartet darauf, dass es eintritt. Auch wenn das Stunden dauern kann. Bei welcher Beschäftigung sitzt man schon stundenlang da und wartet darauf, dass etwas passiert? Normalerweise nirgends, aber beim Fischen eben schon. Das finde ich echt geil. Und es lässt einen auch charakterlich wachsen. Man wird ruhiger. Man lernt auszuharren. Auf ein Ziel gerichtet hinzuarbeiten. Abwarten, bis das eintrifft, was man sich vorgenommen hat. Immer und immer wieder. Genau das wollte ich immer schon einmal machen, und zwar in Kanada.

Und dieser Traum ist mir mit Clayton Gerein, mit dem mich eine wirklich tiefe Freundschaft verband, erfüllt worden.

Athen 2004

Nun ja, jetzt ist es so weit. Das mehr oder weniger letzte Kapitel. Das letzte, das aber eigentlich wiederum das erste ist. Weil sich der Kreis hier wieder schließt. Weil der Anfang ja eigentlich das Ende ist. Weil alles eins ist. Und im Kreis gibt es keinen Anfang und kein Ende. Es ist alles eins …

Es ist so weit …

2004, die Paralympics in Athen. Ich stand vor der Tür eines Raumes oder Hauses und wusste, dass sich dahinter meine Vision befand. Die österreichische Bundeshymne für mich spielen zu hören. Nur für mich. Und nun, kurz vor Athen, spürte ich, dass ich die Reife dafür hatte. Ich spürte, dass es passieren könnte. Man fühlt das einfach, wenn das, was zuvor noch unrealistisch war, plötzlich greifbar sein könnte.

Ich war super vorbereitet. Wir hatten viel trainiert. Sehr viel. Viele, viele Umfänge und viele aufbauende Blöcke. Teilweise fast bis zu 500 Kilometer in der Woche. Körperlich war ich also super vorbereitet … Aber konnte ich das auch psychisch schaffen?

Kann ich diesem Druck standhalten?

Sind das doch unrealistische Ziele?

Der Teufel kommt mit solchen komischen Anfechtungen auf einen zu …

Drei Wochen vor den Paralympics finden immer die Olympischen Spiele statt. Das ist vertraglich so geregelt. Wenn man sich für die Olympischen Spiele bewirbt, muss man auch die Paralympics austragen. An denselben Wettkampfstätten und im selben olympischen Dorf. In der Vorbereitung war ich auf der Spitze meiner Leistungsfähigkeit angekommen. Alles lief nach Plan. Nur der Druck stieg und stieg …

Während ich mich vorbereitete, baute ich nebenbei, weil ich eben so bin und immer an die Zukunft denke und keine Mühen und Anstrengungen scheue, unseren damaligen Stall für Therapiezwecke um. Man weiß ja nie und die Zeit muss man nutzen und außerdem hatte schon jemand angefragt, der diesen Raum mieten wollte. Somit begannen wir neben dem harten Training auch noch mit dem Stall-Ausbau. Als ob das Trainieren nicht schon genug gewesen wäre … Aber ich bin eben so ein Arbeitsvieh und dachte mir, dass das schon so nebenbei gehen würde. Und es ging ja auch. Irgendwie. Es geht immer mehr, als man glaubt. Neben dem Training versuchte ich mich auch mental auf die Spiele vorzubereiten. Weil ich nicht anders konnte und den Spirit so liebte, verfolgte ich neben dem Training, so gut ich konnte, die Olympischen Spiele im Fernsehen. Ich wurde immer nervöser. Mir wurde bewusst, dass alles immer näher kam. Es ist so ein geiles und mystisches Gefühl, wenn man sich die Olympischen Spiele ansieht. Sie ziehen ja nicht umsonst Milliarden in den Bann …

Ich wurde immer nervöser und nervöser. Konnte vor lauter Aufregung oft echt nicht mehr schlafen. Ich bin ja so ein Denker. Und wenn ich denke, dann rotiert es richtig in meinem Kopf. Dann kann ich eben nicht mehr wirklich schlafen. Teilweise sackte ich dann so um zwei Uhr früh weg, weil ich schon so todmüde war und mein Körper einfach nicht mehr konnte. Aber wenn ich nicht einschlafen konnte, ging ich in der Nacht oft hinaus vor das Haus oder spazierte herum und schaute zum Himmel. Zu den Sternen. Zum Mond.

Eines Nachts stieg ein Bild in mir hoch. Ich schaute wieder zum Mond und bekam so eine Ruhe und gleichzeitig so eine Kraft.

»Wenn du in Athen bist, dann sei dir gewiss, dass ich da bin. So wie der Mond. Ich bin da. Der Mond ist für jeden auf der Erde sichtbar und genauso ist es auch mit mir. Ich bin immer da. Egal wo du bist. In Atlanta, Sydney, in Tokio, in Salzburg, in Athen. Ich bin da. Und wenn ich da bin, dann brauchst du dich niemals allein zu fühlen …«

Da wurde ich ruhig. Aber ich wusste dieses Bild nicht wirklich zu deuten.

Nun ja.

Die Spiele kamen immer näher und näher und was passierte … Ich wurde krank. Vielleicht konnte ich dem Druck nicht standhalten. Alles wurde mir zu viel. Ich begann wieder zu zweifeln. War psychisch am Boden. Da ich aber sehr hart zu mir selbst sein kann, redete ich mir ein, dass ich da durchmusste.

Einfach machen. Einfach durch.

Wir flogen also nach Athen. Ich begann mich langsam wieder aufzubauen und meine Trainings brav zu absolvieren. Ich ging nicht einmal zur Eröffnungsfeier, um mich auf mich selbst zu konzentrieren und Kraft zu tanken. Und um einfach nur zu schlafen und zu trainieren und das ganze Drumherum an mir vorübergehen zu lassen. Mein damaliger Betreuer brachte mir sogar das Essen ins Zimmer. Der war echt ein Wahnsinn und wusste, wie man einen Athleten betreuen sollte. Er ging ganz selbstlos auf die Wünsche der Sportler ein. Ich war zwar nicht mehr krank, aber ich wollte meine Energie so gut wie möglich bündeln.

Irgendwann war es dann so weit. Die Bewerbe standen an …

Erstes Rennen.

5000 Meter.

An den Start ging ich natürlich als einer der Favoriten. Als Weltrekordhalter war das ja nicht unberechtigt.

Aber wie viel kostet mich meine Krankheit?

Ich versuchte diesen Gedanken zu verdrängen und versuchte selbstbewusst an den Start zu gehen.

Peng.

Startschuss.

Ein Japaner zog gleich voll weg.

Geh, leck … Wo kommt der denn her? Was macht der da? Aber fahren lassen kann ich den doch auch nicht! Was ist, wenn der durchkommt?

Wahnsinn, der ist gleich von Anfang an ein irres Tempo gefahren. Er riss sofort eine Lücke von zehn Metern auf und spulte sein konstant hohes Tempo runter. Ich glaube, ich brauchte vier oder fünf Runden, bis ich in seinen Windschatten kam. Ich fuhr voll auf Anschlag. Hatte von Anfang an schon den Maximalpuls erreicht, und als ich dann endlich in seinen Windschatten kam, fühlte es sich nicht leichter an.

Geh, leck … So ein hohes Tempo …

Ich fuhr weiterhin auf Anschlag. Aber im Windschatten. Ich stand voll an.

Den kann ich nie biegen …

Ich fuhr schon im Windschatten meine Maximalleistung und hoffte nur, dass der Japaner irgendwann eingehen würde. Aber nix da. Er fuhr dieses Tempo bis zum Schluss und brachte sich damit über die Ziellinie. Ich wollte beim Sprint noch kontern, aber ich merkte, dass er noch zulegen könnte, wenn es nötig wäre. So wurde ich noch in derselben Sekunde Zweiter. Was ja super war. Ist ja ein Wahnsinn. Eine Medaille, Silber. Wer hat das schon?

Aber das ist nicht meine Vision …

Silber ist super! Extrem sogar. Wie viele Menschen auf der Welt können so eine Medaille ihr Eigen nennen?

Ich versuchte gute Miene zum bösen Spiel zu machen und ließ das Medien-Prozedere über mich ergehen. Aber mein Herz war zerrissen. Ich war nicht befriedigt. Meine Vision war es gewesen, die Bundeshymne für mich spielen zu hören. Und das hier sollte mein Herz beglücken? Ich will nicht undankbar klingen. Aber meine Vision war einfach eine andere. Und mit dem zweiten Platz hört man die Bundeshymne nicht für sich spielen. Mein Gott, ich kam mir wirklich verzweifelt vor. Und auch irgendwie schäbig, weil ich mich über meinen zweiten Platz nicht wirklich freute. Und ich wusste auch, dass ich diesen Japaner nicht schlagen konnte. Der hätte immer noch zulegen können, wenn er gewollt hätte. Die Zweifel wurden immer größer. Ich glaube, ich war der traurigste Medaillengewinner dort in Athen.

Dann kamen weitere Rennen.

Man musste immer Vorläufe absolvieren, wenn man sich für die Finale qualifizieren wollte. Es ging voll dahin. Am Vormittag die Vorläufe und am Abend dann die Finale. Ich qualifizierte mich für das 400-Meter-Rennen. Was wirklich nicht schlecht ist für einen Langstreckenfahrer. Dort wurde ich sogar Dritter. Bronze. Schlug sogar den Weltrekordhalter über diese Distanz.

Und wieder der Japaner …

Ach, ich war am Boden zerstört. Nicht, dass ich mich nicht über Bronze gefreut hätte. Es war ja ein Wahnsinn, als Langstreckenfahrer eine Medaille in diesem Bewerb zu machen. Aber diese Gewissheit, dass ich den Japaner nicht schlagen konnte … Er war einfach zu weit weg …

Ich konzentrierte mich nur noch auf diesen Japaner. Der blockierte mich völlig. Ich richtete meine Aufmerksamkeit nur noch auf die äußeren Umstände. Ich war nicht mehr in mir selbst. Ich war nicht mehr eins mit mir selbst. Innerlich gab ich auf. War echt verzweifelt. Nein, eigentlich gar nicht mehr wirklich verzweifelt. Ich hatte aufgegeben.

Na ja ... Dann soll es halt nicht sein. Jetzt hast du schon so viel erreicht. Weltrekorde ... Weltmeister ... So einfach ist es dann eben doch nicht, dass es gerade bei Olympia funktioniert.

Es war nicht so, dass ich die Situation akzeptierte. Eine Welt brach zusammen. Ich war so extrem ... zutiefst traurig. Aber was sollte ich machen? Ich war davon überzeugt, dass ich den Japaner nicht schlagen konnte. Also versuchte ich diesen Gedanken zu verdrängen oder einen Weg zu suchen, der mich die Situation richtig einordnen ließ.

Am Abend.

Es war eine wunderschöne Nacht, und das wäre mir auch bewusster gewesen, wenn ich sie hätte genießen können. Einige vom österreichischen Team saßen vor unserem Haus im olympischen Dorf. Ich saß vollkommen zurückgezogen mit meinen Kollegen da und lauschte ihren Gesprächen. Normalerweise bin ich ja der Schmäh-Bruder und unterhalte die Leute. Aber an diesem Abend war ich vollkommen in mich gekehrt. Nach einer Weile gingen dann alle zurück in ihr Zimmer und ich saß allein draußen.

Nun ja.

Auch wenn ich ausgeschlafen wäre, könnte ich den Japaner nicht schlagen. Ich saß einfach da und war traurig. Und in meinem Hirn spukten nur noch der Japaner und mein Unvermögen herum. Ich war komplett neben der Spur und konzentrierte mich ausschließlich auf das, was ich nicht erreichen könnte. Ich wollte mich aufs Scheitern fokussieren und mir ausmalen, wie es wohl wäre zu verlieren, damit ich mich selbst vor dem Schmerz schützte. Damit ich dann die Ausreden parat hätte. Ich merkte, dass ich völlig weg war von meiner *Linie.*

Das Glaubensprinzip funktioniert immer. Wie bereits erwähnt: auch ins Negative. *»Der Glauben ist die Verwirklichung dessen,* *was man hofft. Ein Überzeugtsein von Dingen, die man nicht sieht.«* Und ich war davon überzeugt, dass ich den Japaner nicht schlagen konnte. Und da liegt der Hase im Pfeffer. Ich war von meinem Scheitern überzeugt. Nur war mir das gar nicht bewusst. Es ist echt ein Wahnsinn, wie der Teufel arbeitet. Er kann sich so an dich ranschleichen, dass du gar nicht merkst, wie du in seinen Bann gezogen wirst. Deswegen sollte man sich immer selbst reflektieren und aus seiner Problematik kurz heraustreten. Die Situation objektiv betrachten. Versuchen zu erkennen, in welchem *Glauben* man gerade steht. Im Film »Der Name der Rose« gibt es eine Aussage, die ganz gut erklärt, was ich meine. Da heißt es: »Der Zweifel ist der Gegner des Glaubens.« Das heißt also, wenn man zweifelt, ist man nicht mehr im Glauben. Und das sollte einen dann aufrütteln und einem zu erkennen geben, dass man abgedriftet ist von seinem Weg und dass man sich einfach wieder neu einstellen muss. Aber diese Erkenntnis hatte ich zu diesem Zeitpunkt noch nicht. Das ist mir jetzt klar. Theoretisch kann man ja viel wissen, aber richtig checken tut man es erst, wenn man es wirklich *durchlebt* hat. Wenn es in Fleisch und Blut übergegangen ist. Nicht nur im Kopf. Sondern mit all seinen Höhen und Tiefen *durchlebt* …

Nun aber wieder zurück zu diesem Abend. Er wäre wirklich wunderschön gewesen, aber ich hatte natürlich nicht die Muße, ihn in seiner Pracht aufzusaugen. Aber eines stach mir ins Auge. Der Mond. Groß und mächtig stand er da. Ich starrte ihn an und auf einmal passierte etwas, das ich nicht für möglich gehalten hätte. Er sprach zu mir. Also, nicht wie der brennende Busch. Er legte mir etwas ins Herz.

»Schau mich an. Ich bin da. Ich bin mächtig. Ich bin bei dir. Mach einfach das, was du kannst. Konzentriere dich auf dich selbst und alles andere ist egal. Du bist quasi (das muss ich so schreiben, denn eine solche Eingebung kann man teilweise nicht in Worte fassen; weil es sich nicht nur um Sprache handelt, sondern auch um Gefühl) *zu Hause. Weil ich da bin und du bei dir selbst. Mach einfach das, was du kannst, und genieße es. Sei nur auf das konzentriert. Sei nicht verkrampft. LASS ES EINFACH PASSIEREN …«*

Ich wurde völlig ruhig.

Es war dasselbe Gefühl und dieselbe Situation, die ich noch in Salzburg, als ich nicht einschlafen konnte, erlebt und gespürt hatte. Irgendwie machte sich Frieden in mir breit. Ich ging dann ganz ruhig schlafen. Und ich schlief auch ruhig. Der ganze Druck war wie weggeblasen.

Als ich am nächsten Tag in der Früh aufwachte, wachte ich anders auf als nach den Nächten davor. Ich hatte immer noch dasselbe Gefühl wie vorm Einschlafen. Ich konnte echt nicht deuten, was das alles auf sich hatte, da ich so ruhig war. Aber *ES* war da …

Ich wollte einen Zettel nehmen und etwas aufschreiben. Ein Gefühl, das ich hatte. Aber ich tat es nicht. Irgendetwas hielt mich davon ab.

Ich war so entspannt an diesem Tag, es war eine Wohltat, einfach nur da zu sein. Ich ging sogar selbst essen.

Nun ja.

Am Abend stand dann das 1500-Meter-Rennen an. Ich legte mich am Nachmittag noch etwas hin, um Kraft zu tanken und quasi die Ruhe vor dem Sturm aufkeimen zu lassen. Bald war es so weit und schließlich bereiteten wir uns auf den Transfer vom olympischen Dorf ins Stadion vor. Der Tag war anders als jeder andere zuvor. Ich hatte keine Gedanken mehr, die mir im Kopf herumliefen, ich war nur noch in der Gegenwart.

Da passierte einfach alles. Ich musste nicht mehr denken, was ich machen musste. Es *geschah*.

Im Aufwärmstadion angekommen, aß ich noch einen PowerBar und ich spürte, dass es an der Zeit war, mich aufzuwärmen. Normalerweise spult man da sein Aufwärmprogramm runter und hat den Pulsmesser drauf, um zu kontrollieren, ob man im richtigen Bereich ist. Aber an diesem Abend war alles anders. Es war so ruhig. Mit meinem Betreuer redete ich nur das Nötigste. Es bedurfte einfach keiner Worte, um uns zu verständigen. Ich drehte locker meine Runden und fuhr meine Serien, in denen ich mich langsam auf das Renntempo vorbereitete. Langsam ging die Sonne unter. Und da war dieser Ausblick … Die Sonne machte sich bereit, schlafen zu gehen, und es kam mir vor, als würde sie mir noch kurz davor sagen wollen: »Mach's gut. Ich gebe dir noch all meine Kraft und Schönheit mit auf den Weg, damit du das Leben und die Kraft spürst und siehst, dass sie *immer* da ist.« Sie war dunkelrot, wie ich sie schon so oft gesehen und beschrieben habe in den verschiedensten Momenten. So kraftvoll zeigte sie sich mir noch einmal und legte sich dann zur Ruhe in diesem aprikosenfarbenen und trotzdem dunkelrot-orangen Freudentaumel. Direkt neben dem Stadion. Dem Olympiastadion. Wo ich bald mein Rennen haben würde. Das Aufwärmstadion lag neben dem Olympiastadion und man nahm schon die Atmosphäre und die Zuschauer wahr, die andere Athleten bei deren Wettkämpfen anfeuerten.

Ja, und dann die Aufforderung durch den Lautsprecher.

»Last call, 1500 metres!«

Jetzt war es so weit.

Jetzt kannst du nichts mehr machen. Alles, was du vorher nicht draufgehabt hast, kannst du jetzt nicht mehr aufholen.

Wir mussten in ein Zelt fahren. Dort werden die Athleten »gesammelt«. Die Startnummern und Namen werden aufgerufen. Man wird kontrolliert. Auch der Rollstuhl. Ob man ja keinen kleinen Elektromotor eingebaut hat ... Nein, Scherz! Es gibt einfach gewisse Richtlinien, die die Maße des Rollstuhls betreffen, und so weiter. Der Blutdruck wird auch gemessen. Es gibt Leute, die sich unerlaubterweise pushen, um eine größere Leistung zu erbringen, und das kann man mit dieser Messung feststellen. Bei mir war alles in Ordnung.

Und dann saßen wir da. Zwei Reihen, direkt gegenüber. Man konnte sich in die Augen schauen. Man spürte das Knistern und die Aufregung der ganzen Athleten. Für jeden war der Moment gekommen, sich seinen Traum zu erfüllen, und das lässt die Anspannung fast ins Unermessliche ansteigen. Man bekam fast Todesangst, weil man glauben konnte, es würde um *alles* gehen. Was es in diesem Moment auch tat. Aber es ist trotzdem einfach nur Rennrollstuhlfahren. Die meisten konnten sich gar nicht mehr in die Augen schauen. Jeder hat da sein eigenes Ritual, das er nur dann am besten durchziehen kann, wenn er sich auf sich selbst konzentriert und den Gegner nicht in seine Augen, und somit auch in seine Seele, sehen lässt.

Ich war aber irgendwie redselig.

Ich meine, ich war schon angespannt, aber es hielt sich in Grenzen. Ich wollte ein bisschen plaudern und die Zeit totschlagen, aber keiner wollte mit mir reden. Wie gesagt, ich war schon angespannt, aber es war trotzdem so eine Ruhe da. Ich war wie ein Rennpferd, das mit jeder Faser seines Körpers wusste, was es im Moment des Startschusses zu tun hatte, das aber trotzdem den Umständen entsprechend ruhig blieb. Irgendwie stand ich über den Dingen …

Ist das vielleicht die falsche Einstellung? Checke ich irgendwas nicht? Checke ich nicht, dass es gleich um ALLES geht?

Auf einmal.

»Let's go …«

Wir wurden aus dem Zelt hinausgebracht und durch einen langen Gang zu den Katakomben geleitet. Wo wir dann warten mussten. Es wurde nichts geredet. Gar nichts. Komplette Stille.

Irgendwie nahm ich nichts mehr wahr. Ich meine, ich nahm schon alles wahr, aber dann auch irgendwie gar nicht, es war, als wäre ich in Trance. So wie das in Filmen bei einem Flugzeugabsturz ist. An Bord herrscht komplette Panik und die Leute rennen wie wild umher und stehen Todesängste aus und trotzdem schaltet das Hirn diese Panik irgendwie aus. Es bleibt nur noch ein Summen, das sich in komplette Stille einpendelt, bis man fast gar nichts mehr von außen wahrnimmt. Da stand ich nun vor den Toren, den Toren des möglichen Grals. Vor den Toren dessen, was ich seit Sydney 2000 erreichen wollte, was ich damals im Antlitz des olympischen Feuers und der Zehntausenden von Zuschauern eingegeben bekommen hatte. Es war so ein mystischer Augenblick. Ich stand vor den Toren, wo sich das Eigentliche gleich ereignen würde. Ich zog mich in eine Ecke zurück und kontrollierte noch einmal alles. Ob meine Treibringe rutschig waren, zum Beispiel. Ich wischte alles mit Nitro ab, damit alles fettfrei war. Ich kontrollierte immer wieder meine Handschuhe. Kein bisschen Fett durfte darauf sein. Noch ein bisschen Harz für den perfekten Grip. Alles musste perfekt sein. Immer und immer wieder starrte ich darauf. Schüttelte meine Arme. Ich wusste echt nicht mehr, was ich da tat. Es passierte einfach. Von den Tribünen schrien und jubelten Kinder und erwachsene Zuschauer herunter und die Anspannung stieg.

Ruhig bleiben ...

Ich ging in mich.

Ruhig bleiben ...

Versuchte ganz bewusst, mich nicht von dieser Atmosphäre überwältigen zu lassen. Dann auf einmal wieder:

»Let's go ...«

Wir wurden im Gänsemarsch ins Stadion hineingeführt. Dieses riesige Stadion tat sich auf. Es war, als würden wir bei »Der Gladiator« ins Kolosseum hineinmarschieren. Mit unseren Streitwagen. Ohrenbetäubende Zurufe, die sich in dieses Summen verwandelten. Seitlich entlang der Zuschauer wurden wir zum Start geführt. Ich versuchte, Blicke in die Zuschauermenge zu vermeiden. Ich wollte mich ablenken.

Dann stopp!

»Wait here.«

Wir mussten noch ein paar Augenblicke warten. Ich sah mir dieses Stadion an. Ich sah das olympische Feuer und wie es flackerte. Man konnte es sogar hören. Man konnte das Feuer hören. Ich fühlte mich, als wäre ich in einem heiligen Moment. Es war so eine schöne und laue Sommernacht. Ich roch diesen geilen Mondo-Belag der Bahn. Auf dieser Bahn würden wir gleich wie Gladiatoren oder wie bei »Ben Hur« unsere Runden drehen. Um den Siegeskranz. Um die Ehre. Die Ehre des tapfersten Kriegers. Ich saß da und schaute mir alles ganz bewusst an. Wollte alles noch mal aufsaugen. Und dann, plötzlich, sah ich durch dieses Stadion nach oben. In den Himmel. Ich schaute weg von dieser menschlichen Situation und durch die Mitte des Stadions, wo keine Decke war, einfach in den Himmel. In diesen ruhigen Himmel. Wo schon ein paar Sterne ganz sanft leuchteten und die Nachtruhe einläuteten, und was sah ich dann ...

Den Mond.

Da stand er.

Derselbe Mond, den ich zu Hause gesehen hatte, als ich nie einschlafen konnte, und der zu mir gesprochen hatte und ich noch nicht begreifen konnte, was er da gesagt hatte. Und derselbe Mond, der erst gestern zu mir gesprochen hatte und mir Ruhe, tiefe Ruhe geschenkt hatte. Und nun sah ich ihn wieder. Er sagte jetzt nicht mehr viel, sondern gab mir ein tiefes, innerlich bestätigendes Lächeln und ließ mich spüren ... *Ich bin da ...*

Oh Gott, war ich ruhig.

Und trotzdem war mein Puls bestimmt nicht der eines Schlafenden! Aus heiterem Himmel wurde ich aus dieser ruhigen Stimmung gerissen. »Okay. You can go on the track. One lap.«

Aaah ...

Ich rollte auf die Bahn. Wir konnten nun noch eine Runde fahren, um den Bahnanschlag einzustellen, damit man den exakten Kurvenradius fahren und sich an die Bahn gewöhnen konnte. Die Menge starrte uns an. Das wusste ich zwar, aber es war mir egal. Weiter dieses Summen und Knistern. Gepaart mit dieser wohltuenden Temperatur auf der Haut und dieser sternklaren Sommernacht. Ich fuhr einfach mein Tempo.

Fapp ... fapp ... fapp ...

Wie dieser Adler, den ich in Kanada gesehen hatte, als ich im See lag und mich diese Welle und Schwingung der Natur durchströmt hatte. Ganz ruhig fuhr ich mein Tempo. Ich versuchte nicht mehr zu machen als das, was ich konnte. Einfach mal ruhig reinkommen. Aber nicht von außen hinein. Ich spürte mich von innen heraus. Meinen Rhythmus. Ich spürte so eine ruhige und trotzdem intensive Energie aus meinem Inneren herausströmen. Ganz locker und trotzdem kraftvoll spulte ich meine Aufwärmrunde herunter. Dann standen da schon die Kampfrichter mit seitlich ausgestreckten Armen und sperrten den Weg ab. Stoppten uns.

»One minute. To your starting position.«

So. Jetzt ist es so weit. Nichts geht mehr. Für jeden dasselbe.

Jetzt war der Moment gekommen, auf den sich jeder von uns vier Jahre oder länger vorbereitet hatte. Wir wurden an die Linie geführt. Ich ging noch einmal in mich. Stammelte irgendwelche Gebete. Ich wusste nicht genau, welche, aber mein Herz wusste es. Sie waren direkt zu Gott gesprochen. Wir standen an der Startlinie. Alles drehte sich irgendwie. Es ging nur noch um Sekunden. Es ging so schnell und trotzdem kam es mir vor, als würde die Zeit stillstehen.

»On your marks ...«

PENG!

... und alle schossen weg. Es wurde um Plätze gekämpft. Alle rasten an mir vorbei und ich kam als Vorletzter raus. Irgendetwas ließ mich aus dieser Macht und den Platzkämpfen raushalten. Aber ich war Vorletzter! Das Feld rollte dahin. Ganz vorne fand ein erbitterter Kampf statt. Zwei setzten sich ab. Es ging voll dahin. Und ich war als Vorletzter hinter den anderen eingereiht. Irgendetwas hielt mich davon ab, mich an den Kämpfen in den vorderen Reihen zu beteiligen. Ich kam ganz locker in meinen Rhythmus. Als ob ich fast keinen Kraftaufwand benötigte, so fuhr ich mit. Wie ein Fisch im Meer ließ ich mich mitziehen. Wie ein Adler, der sich von der Luft tragen lässt, flog ich dahin. Auf der inneren Bahn reihte sich das Hauptfeld ein und ich ging auf die zweite Bahn. Die ist zwar sieben Meter länger, aber ich spürte, ich musste da fahren.

Und dann plötzlich schob sich der Japaner, der Sieger über 5000 Meter, von der ersten Bahn auf die zweite. Direkt vor mich. Er erhöhte das Tempo. Direkt vor mir. Ich hatte schon etwas Tempo drauf und es saugte mich in seinen Windschatten. Wir schoben uns neben das Hauptfeld. Nach circa 400 Metern war ich schon an achter Stelle. Das Feld flog weiter. Es ging richtig dahin. Es rollte und rollte weiter.

Dann nach 500 Metern ...

Auf einmal war es, als würde ich eine Vorwarnung bekommen. Etwas stimmte nicht mehr mit dem Rhythmus. Auf der ersten Bahn. Wie bei einem Flugzeugabsturz. Wie im Zeitraffer. Das Seitenrad des zweiten Japaners auf der Innenbahn hob irgendwie vom Boden ab. Direkt neben mir. Er kam immer näher und näher und ich griff auf meine Lenkung und aus dem Unterbewusstsein heraus lenkte ich nach außen. Der Japaner hob ab und die hinteren Fahrer crashten in ihn hinein. Karambolage. Direkt ... zehn Zentimeter ... neben mir. Ich drehte mich sogar noch um und dachte mir (ach, ich bin ein Arsch, wird mir gerade bewusst ...): »Die sind weg. Die sind aus dem Rennen.«

Aber viel Zeit zu überlegen blieb mir nicht, das Rennen ging ja weiter und vorne hatte das keiner mitbekommen. Ich rutschte wieder in meinen Rhythmus hinein und spürte, dass der Platz hinter dem Japaner der beste wäre. Jetzt hatten sich aber durch den Crash schon fünf Mann abgesetzt und ich startete eine Attacke, um nicht abzureißen. Vorne war das Tempo jetzt noch höher. Nach 700 Metern auf der Geraden wollte ich am Japaner vorbei, da ein Spanier schon Anzeichen machte, sich abzusetzen. Der Japaner fuhr innen und ich wollte außen an ihm vorbei, um mich eventuell beim Spanier in den Windschatten zu schmeißen. Aber der Japaner konterte von innen und drängte mich nach außen. Schnitt mich voll. Mir kam kurz der Gedanke, dass das nicht regelkonform war, aber selbst wenn es so war: Er wäre maximal disqualifiziert worden und das Rennen würde nicht wiederholt werden. Ich ließ mich also nach außen drängen. Das Gute an der Situation war, dass er jetzt selbst die Attacke starten würde, die ich vorgehabt hatte. Er schob voll an und wollte zum Spanier aufschließen, der jetzt ein noch höheres Tempo fuhr. Ich schmiss mich hinten hinein.

Blute aus, du Sau ... Die Arbeit kannst jetzt du übernehmen ...

Der Spanier war jetzt schon circa fünfzig Meter weit weg. Und ich fuhr hinter dem Japaner an dritter Stelle. Mir war klar, dass ich allein nicht schneller fahren könnte, und ließ den Japaner die Drecksarbeit ruhig übernehmen.

Dann kamen die letzten 500 Meter.

Der Spanier setzte sich immer weiter ab. Ich spürte langsam eine Unruhe in mir hochsteigen, weil der Japaner nicht näher an ihn herankam und es Zeit wurde, etwas zu unternehmen. Ich dachte nur noch an eines: auf der Geraden an ihm vorbeizuziehen. So schnell, dass er nicht mehr in meinen Windschatten kommen konnte und ich von hinten mit keinen bösen Überraschungen mehr zu rechnen hatte. Der Spanier war jetzt schon weit weg. Und dann auf der Geraden ...

Ich fuhr im Windschatten des Japaners und attackierte.

DING, DING!

Letzte Runde. Nicht mehr überlegen. Einfach voll durchziehen und anschieben.

Ich fuhr am Japaner vorbei. Der Spanier hatte sich mit einem

Vorsprung von circa vierzig Metern abgesetzt. Ich riss eine Lücke zum Japaner auf. Doch er kam wieder näher. 150 Meter vorm Ziel schaute ich kurz auf die Videowall und wollte sehen, wie weit er hinter mir lag. Wenn er direkt in meinem Windschatten gewesen wäre und ich voll attackiert hätte, hätte er sich mitziehen lassen und mich dann niedergesprintet. Es war eine Lücke von fünf Metern.

Gott sei Dank ... Scheiße ... Scheiße ...

Es kam so eine Befriedigung in mir hoch. So tief von innen heraus. Aber ich war ja noch im Rennen. Ich schob an und schob an. Kam dem Spanier immer näher. Dann der Kurvenausgang. Der Spanier sah kurz zu mir hinüber. In diesem Moment spürte ich: Das war's. Er war zwar noch vor mir, aber ich hatte ihn. Es könnte sein ... Ich schob nur noch an, ohne zu überlegen. Wie in Trance. Ich genoss die letzten hundert Meter und spürte nur noch Energie.

Immer näher und näher.

Vorne die Ziellinie.

Gleichauf ... gleichauf ...

Scheiße ...

Mann gegen Mann.

Wir flogen auf das Ziel zu. Näher und näher. Und dann über die Ziellinie.

Sieg.

Ich war vor dem Spanier ... nicht *vor dem Spanier*, ich war *als Erster* ins Ziel gekommen!

Ich streckte die Zunge raus.

Es ist gut gegangen. Ich hab's geschafft ... Ich habe das geschafft, was ich mir in den Kopf gesetzt habe. Jetzt ... heute ... heute bei Olympia.

Tausende Leute schrien und jubelten. Es war ein einziger Freudentaumel. So ein tiefes Glücksgefühl. Aber da waren nicht nur Gefühle. Es war, als würde ich nur noch Farben sehen. Wie ein wunderschönes Gemälde aus der Toskana. Wo sich die Farben in den zarten Hügeln einbetten. So wie die Szene bei »Der Gladiator«, als er stirbt und vor seinem inneren Auge seine wunderschöne Frau sieht, die durch diese unglaublich anschmiegsame Landschaft wandelt und mit ihren zarten Fingern die sanften Ähren des Getreides streichelt und sich Liebe im Raum auflöst. Das Wort »Glücksgefühl« ist diesem Moment, den ich damals erlebte, nicht würdig. Es gehen einem einfach die Worte aus, um das zu beschreiben. Ich streckte meinen Arm mit geballter Faust in die Höhe zu den Zuschauern. Ich genoss diesen Moment so sehr, dass ich jetzt fast zu weinen anfangen muss, wenn ich das aufschreibe. Alle applaudierten und freuten sich mit mir. Ich wollte gar nicht mehr von der Bahn und drehte meine Ehrenrunde. Der Moment erschien mir ewig. Zwei Mädels, die ich noch von der Hauptschule kannte, waren extra wegen mir nach Athen gereist, um mich zu unterstützen, und dann waren sie auch noch genau bei diesem Moment dabei. Sie gaben mir eine österreichische Fahne in die Hand. Sie strahlten. Wir umarmten uns und ich war so glücklich, dass ich diesen Moment mit jemandem von »zu Hause« teilen konnte. Ich meine, ich war zwar in der Schule im Sport immer einer der Besten gewesen. Aber jetzt war ich bei Olympia. Und hatte gewonnen.

Oh mein Gott … Was ist nur los?

Ich wusste nicht mehr, was mit mir geschah. Ich fuhr noch eine Ehrenrunde mit der Fahne. Dann sah ich plötzlich Clayton. Er sah von Weitem zu mir her und ich sah, wie er mir diesen Sieg von Herzen gönnte. Er hatte von meinem Traum gewusst. Und nun lebte ich darin, mit dessen Auswirkungen. Er wusste genau, wie sich das anfühlte, und er war bei mir und gönnte mir diesen Moment genauso wie damals, als ich meinen ersten Fisch gefangen hatte. Mit ihm. Es war genau derselbe Blick. Das tut so gut, wenn »Familie« diesen Augenblick mit einem teilen kann. Aber es war ja nur ein Teil der Familie da. Nicht aber meine »Blutsfamilie«. Ich wollte so schnell wie möglich meine Mutter anrufen. Ich wollte sie an diesem Moment teilhaben lassen. Peter Klein vom ORF war live dabei gewesen. Er war völlig aus dem Häuschen. »Schnell, schnell, machen wir ein Interview«, schrie er, »wir können es noch in die Nachrichten schaffen!« Ich rollte an ihm vorbei, weil ich noch genießen wollte. Ich wollte, dass das alles nie mehr aufhörte. Warum das *eine* Ehrenrunde heißt, weiß ich nicht. Ich glaube, bei mir waren es nämlich drei …

Dann fuhr ich zu ihm und zum ORF-Team hinüber. Ich war so überglücklich. Ich war so befreit. Peter Klein freute sich riesig mit mir und wir redeten vor der Kamera. Das war kein Interview, sondern einfach nur ein Gespräch.

»Ich hab's gewusst, dass ich's kann ...«

Und dann musste ich fast weinen, schluckte aber meine aufkommenden Tränen hinunter, weil mir etwas in den Kopf und ins Herz schoss.

»... und auf diesem Weg möchte ich mich gerne bei meiner Mutter bedanken. Sie hat so viel getan für mich. Sie hat mich immer unterstützt, damit ich nur noch meinen Sport machen konnte, und das möchte ich ihr widmen ... und Gott!«

Ich dachte an sie. An beide. Sie hatten mir ermöglicht, dass dieser Moment nicht Fiktion blieb, sondern pure Realität wurde.

Ich war so aufgeregt. Die Kampfrichter kamen wieder und führten uns weiter. Die wurde man nicht mehr los. Was auch etwas Gutes hatte. Denn man brauchte nicht mehr zu denken, man konnte im Moment verweilen, was das einzig Richtige ist. Sie führten uns zur Dopingkontrolle. Wenn du in einem Rennen Sieger bist, blüht dir das immer. Muss ja alles mit rechten Dingen zugehen. Das ist so ein Prozedere, wo du kurz aus diesem Traum herausgerissen wirst. Sie führten uns wieder in die Katakomben. Dahin, wo wir unsere Alltagsrollstühle und unsere Trainingsanzüge hatten, für die Siegerehrung.

Aaaaaah ... zur Siegerehrung ...

Als mir der Gedanke kam, stieg wieder so ein Gefühl in mir hoch, das mich fast durchdrehen ließ. Aber zuvor noch zur Dopingkontrolle.

Wo ist mein Handy? Wo ist mein Handy?!

Ich wollte meine Mutter anrufen. Wir kamen zu unseren Rollstühlen und setzten uns um. Immer an meiner Seite: der Dopingkontrolleur. Er führte mich in einen Raum, wo wieder drei Leute saßen, die dann alles regelkonform durchführten. Man öffnete eine Packung, in der zwei kleine Glasflaschen und ein Becher drin waren. Da musste man hineinpinkeln. Und jeden einzelnen Schritt dokumentieren. Wie man die Schachtel öffnete. Wie man die Nummern kontrollierte, die auf den Flaschen standen. Den Urin teilte man auf die beiden Glasflaschen auf. Zudrehen und unterschreiben, dass alles ordnungsgemäß abgelaufen war.

Schließlich wurde ich entlassen und hatte noch ein paar Minuten Zeit, bevor es zur Siegerehrung ging. Ich wollte nur noch meine Mutter anrufen. Und ich wollte noch, wie das bei Sportlern eben so ist, meine Sponsoren »Palfinger« und »Salzburg AG« anrufen. Sie wollten im Falle eines Sieges ein Inserat in der Zeitung schalten und mir gratulieren. Mein Gott, die freuten sich. Jeder freute sich. Es war, also ob mir alle, die mich sahen, alles Glück dieser Erde gönnten.

Das letzte Telefonat, und somit in aller Ruhe, wollte ich aber meiner Mutter schenken. Ich wollte ohne Druck und ohne Stress mit ihr reden. Obwohl sie die Person war, die ich eigentlich als Erste hatte anrufen wollen. Ich war total nervös. Ich wählte die Nummer und sie hob ab.

»Mama ...«

»Ja?«

»Wir haben's geschafft!«

»Was?«

»Geh, Mama ...«

Das war wie beim »Bullen von Tölz«. – Da rief ich meine Mutter am Tag eines Olympiarennens an und sagte ihr, dass wir es geschafft hatten, und sie fragte: »Was?« Davon geht man ja eigentlich aus, dass sie *ahnen* musste, wovon ich redete. Aber so kann eben nur eine Mutter reagieren. Für sie bin ich der Sohn. Für sie ist es wichtig, dass es mir gut geht. Und so etwas kann und darf nur eine Mutter zu einem sagen.

»Ja, wir haben gewonnen!«, fuhr ich fort.

»Geh, nein! Wirklich? Mah, ich freu mich ...«

Wir fingen beide an zu weinen. Vor Freude. Ich konnte fast nicht mehr reden. Weil sich meine Stimme so überschlug. Ich hatte mit ihr sprechen wollen und gewusst, dass es vollendet sein würde, sobald sie davon wusste. Ich weinte wie ein Schlosshund. Wie ein kleines Kind. Es war so arg, bei jedem Schluchzen fiel immer mehr Druck ab. Dieser ganze Druck, der mich fast umzubringen gedroht hatte, fiel brockenweise von mir ab. Wie ein riesiger Stein, der von meinen Schultern fiel. Diese ganze Last ging von mir. Ich fühlte mich nur noch frei. So unglaublich frei. Ich fuhr in meinem Rollstuhl vor und zurück. Hüpfte auf und ab. Mein Betreuer strahlte auch die ganze Zeit und freute sich so sehr mit mir und wir waren in einem Freudentaumel, dass wir fast platzten.

Waaaaaaaaaaah!!

Und dann war es so weit.

»Bitte aufstellen. Für die Siegerehrung.«

Gleich ... dieser Moment, den ich schon seit Sydney 2000 erhofft hatte. Die Volunteer-Mädchen geleiteten uns hinaus. In dieses wunderschöne Stadion. Mit den Zuschauern. In die laue Sommernacht. An den Ort des Geschehens. Wo noch kurz zuvor der Kampf um den Siegeskranz stattgefunden hatte. Es war laut. Aber es war auch ruhig. In mir drin. Ich konnte es kaum erwarten. Sie geleiteten uns hinter die Podestplätze und verkündeten: »Ladies and gentlemen, medal ceremony, men, over 1500 metres. Third place and bronze medal, from Japan, Toshihiro Takada.«

Der Japaner fuhr hinauf und empfing den Lorbeerkranz und seine Medaille.

»And second place ...«

Mein Herz pochte stärker und stärker ...

»... and silver medal, from Spain, Santiago Sanz.«

Auch der Spanier fuhr hinauf und empfing seine Auszeichnung.

Mein Herz stand mir fast bis zum Hals und ich konnte nur noch grinsen. Ich war überwältigt. Wie ein Hund, der vor seinem Fressnapf steht und noch nicht hindarf.

»And now, gold medal and paralympic champion, from Austria, Thomas Geierspichler.«

Ich flog hinauf, weil ich überhaupt nichts mehr checkte von dem, was vor sich ging. Die Offiziellen kamen. Sie hingen mir die Goldmedaille um den Hals. Dann setzten sie mir noch den Lorbeerkranz auf und wenn ich nicht gewusst hätte, dass das Glück und Liebe waren, die durch mich hindurchströmten, hätte ich fast ohnmächtig werden können.

»Ladies and gentlemen, the Austrian anthem ...«

Wir drehten uns nach rechts. Zu den Fahnenmasten. Hinter den Fahnen brannte das olympische Feuer. Im Stadion herrschte Totenstille. Als die erste Note angeschlagen wurde, durchströmte mich ein Gefühl, das ich fast nicht aushielt. Ich vergaß Raum und Zeit. In meinem Kopf rannte ein Film ab, so wie es oft im Fernsehen gezeigt wird bei jemandem, der gerade stirbt. Alle Facetten und Punkte fügten sich zusammen. Alles, was ich auf meinem Weg zu diesem Moment erlebt hatte, schoss mir tief ins Herz. Meine schöne, aber auch harte Jugend. Mein schwerer Unfall und die schwierige Drogenzeit. Die Wende, die mein Leben komplett verändert hatte. Aber auch der Tod meines Vaters und die Versöhnung mit ihm. Die Vision, die ich damals in Sydney empfangen hatte, als ich in diesem gigantischen Stadion die Bronzemedaille überreicht bekommen hatte. Und der Gedanke an meine Mutter, die wie Mutter Theresa an meiner Seite gestanden und mir den Weg freigehalten hatte, damit ich das hier mit der Kraft Gottes erreichen konnte.

Um das zu hören und ein Kribbeln im ganzen Körper zu spüren, bis in die Zehenspitzen hinein …

»Land der Berge, Land am Strome,
Land der Äcker, Land der Dome,
Land der Hämmer, zukunftsreich!
Heimat bist du großer Söhne,
Volk, begnadet für das Schöne,
vielgerühmtes Österreich,
vielgerühmtes Österreich,
vielgerühmtes Österreich …«

Ich war übermannt von diesem Gefühl. In diesem Moment sah ich die Herrlichkeit Gottes. Ich verstand, was das bedeutet: *»von Herrlichkeit zu Herrlichkeit«*. Ich erlebte das alles nur, weil ich meiner Vision gefolgt war. Weil Gott mir die Kraft gegeben hatte, diese harten Zeiten zu überstehen und dranzubleiben und zu glauben, bis diese Vision Wirklichkeit wurde. Das ist es, was das Ganze ausmacht: in sich hineinzuhören. Zu sich zu finden und den Visionen zu folgen und einfach so lange zu glauben, bis sie eintreffen. *»Der Glaube ist die Verwirklichung dessen, was man hofft, ein Überzeugtsein von Dingen, die man nicht sieht.«* Ich habe so einen inneren Drang, jeden zu ermutigen, an sich zu glauben und sich zuzutrauen, seinen eigenen, für sich bestimmten Weg zu gehen. Der Vision einfach zu folgen. Den Weg zu gehen, ohne zu überlegen. Ohne zu zögern. Einfach seinem Herzen zu folgen …

Und man kann sich selbst ein Bild machen, ob es stimmt, wenn es heißt:

Alles ist möglich, dem, der da glaubt …

Schluss

Nun ja. Es ist schon ein Wahnsinn, was noch alles passiert ist. Ich meine ... Jetzt haben wir 2011. Und zwischen 2004 und jetzt hat sich noch so vieles ereignet.

Ich habe nebenbei so viele Dinge gemacht. Mir ist gar nicht so bewusst, was in meinem Leben noch alles passiert ist. Nach dem Tod meines Vaters wurde mir der Reschbergerhof vererbt. Als Rollstuhlfahrer ist es natürlich nicht lange möglich, so einen Hof richtig zu bewirtschaften. So entschloss ich mich, gemeinsam mit meiner Mutter neue Wege zu beschreiten. Das war natürlich auch traurig. Wir rissen den Stall nieder und bauten die Räumlichkeiten für Therapiezwecke aus. Wir begannen sie zu vermieten. Dann haben wir fünf wunderschöne Appartements gebaut, die wir an Urlauber vermieten. Mittlerweile werde ich für alle möglichen Zwecke als Motivationsvortragender eingeladen und gebe Autogrammstunden. Wir gründeten einen Verein namens Walk'n'Roll, durch den wir behinderten Menschen mit bescheidenen Mitteln helfen können, ihre authentischen Visionen zu erreichen. Da ist einfach so viel, das ich an andere weitergeben will. Das Leben ist zu kurz, um auf der faulen Haut zu liegen und nur zu »genießen«. Ich bin ein Schaffer. Ein Hackler. Ein Bauer. Ich möchte schaffen. Das ist meine Natur. Ich will mich nicht den Umständen unterwerfen. Ich will durchdringen. Überwinden. Durch dieses kleine Nadelöhr kriechen. Ich will mich auf dieses Nadelöhr konzentrieren, durch das das Licht dringen kann, wenn man nur den Fokus darauf hält. Man kann da durch!

Und wie wurde das Ganze noch getoppt? Ich kann es selbst gar nicht fassen. Bei den Paralympics in Peking im Jahr 2008 gewann ich noch einmal Gold. Sogar mit Weltrekord. Das schlug in Österreich ein wie eine Bombe. Sogar ein bekanntes Telekommunikationsunternehmen scheute sich nicht, mich als Testemonial zu nehmen und einen Werbespot zu drehen. Mit einem behinderten Sportler zu werben. Mit mir. Dem Bauernbuben aus Anif. Meine Geschichte und meine Vision haben also eine Sichtweise der Gesellschaft in dem Sinne verändert, dass man sich wirklich getraut hat, mit einem Behinderten in der Öffentlichkeit zu werben. Und da schließt sich der Kreis. Weil alles nur aus dieser Vision entstanden ist. Es ist einfach unglaublich. Geist wurde Materie. Und daraus resultierte das Gegenwärtige. Dass ich ein Buch geschrieben habe. Mein erstes, eigenes Buch. Nach Athen passierten noch so viele Dinge. Höhen und Tiefen. Und ich weiß jetzt schon, dass ich irgendwann wieder ein Buch schreiben werde, da ich all diese Sachen niemals in nur einem oder wenigen Kapiteln unterbringen kann. Diese ganzen Erfahrungen, die ich machen musste und durfte …

Das war noch lange nicht alles. Das sind ja nur Auszüge und Teile aus meinem Leben, die ich hier beschrieben habe. Natürlich waren nicht alle Zeiten rosig. Nein, bei Gott nicht. Oft war es schwierig. Sehr schwierig. Und auch hart. Ich hatte niederschmetternde Erlebnisse. Erlebnisse, die an meinen Grundfesten gerüttelt haben. Die manchmal sogar meine Grundfeste zerstört haben. Aber ich kam immer aus diesen Löchern heraus. Immer und immer wieder. Durch die Kraft der Vision. Durch den Glauben. Durch den Glauben an den Glauben. Durch den Glauben an die Vision. Wenn ich das nicht gehabt hätte, wäre ich zermalmt worden. Zergatscht. Am Boden. Komplett zerstört. Aber nein, gerade das Gegenteil ist passiert. Ich lebe. Ich liebe. Ich liebe das Leben. Liebe die Liebe. Ein ganz starkes Lebensgefühl durchfließt mich. Und das will ich niemals verlieren …

Und das hat mir der Sport gegeben. Nicht der Sport an sich. Aber ich konnte all diese Gaben und Werkzeuge auf ihn anwenden und sehen, wie sie wirken und funktionieren. Und man kann sie auf jeden Lebensbereich anwenden. Vor allem auf den Bereich, von dem man weiß: Das ist der Weg! Der eigene, der für einen bestimmte Weg. Ich möchte jeden ermutigen, diesen Weg zu gehen.

Und es gibt ihn!